中等职业教育“十四五”规划教材
职业教育课程改革规划创新教材

会计基础实务

苏　勇　李　毅　主编

中国石化出版社
HTTP://WWW.SINOPEC-PRESS.COM
中国经济出版社
CHINA ECONOMIC PUBLISHING HOUSE

内 容 提 要

本书紧密结合当前最新的财税政策，按照项目导向、任务驱动的教学理念，将会计基本技能实训主要学习内容分为两部分：第一部分是单项会计模拟实训，分为五个项目的实训，分别就会计基础核算的基本方法进行实际操作的训练；第二部分是综合模拟实训，要求学生将零散的知识融会贯通起来，完整掌握会计核算的全过程，以培养学生综合核算的能力以及分析问题和解决问题的能力。

本书可作为职业教育会计专业的教学用书，也可作为会计职业岗位专业技能培训用书和社会相关人员专业技能自学用书。

图书在版编目(CIP)数据

会计基础实务 / 苏勇，李毅主编. — 北京 ：中国石化出版社，2023.6

ISBN 978-7-5114-7076-8

Ⅰ. ①会… Ⅱ. ①苏… ②李… Ⅲ. ①会计实务 Ⅳ. ①F233

中国国家版本馆 CIP 数据核字(2023)第 089559 号

中国石化出版社出版发行

地址：北京市东城区安定门外大街 58 号

邮编：100011　电话：(010)57512500

发行部电话：(010)57512575

http://www. sinopec-press. com

E-mail：press@ sinopec. com

北京柏力行彩印有限公司印刷

全国各地新华书店经销

*

787 毫米×1092 毫米 16 开本 14 印张 305 千字

2023 年 9 月第 1 版　2023 年 9 月第 1 次印刷

定价：45.00 元

《会计基础实务》

编委会

主　审：

潘爱兵　河北省博野县职业技术教育中心
商建军　河北省博野县职业技术教育中心

主　编：

苏　勇　河北省博野县职业技术教育中心
李　毅　四川省宣汉职业中专学校

副主编：

林　俊　湖南省常德科技职业技术学院
许　辉　河北省沧州工贸学校
秦　蕾　湖北省武汉市新洲高级职业中学
刘明霞　河北省邯郸市峰峰矿区职教中心

编　委：

蓝远峰　广东省东莞市电子商贸学校
刘琳滢　广东省佛山市三水区工业中等专业学校
杨嘉怡　广东省佛山市三水区工业中等专业学校
高　珊　河北省石家庄市藁城区职业技术教育中心
边彦彦　河北省石家庄市藁城区职业技术教育中心
王　磊　江苏省高邮中等专业学校
梁漫霞　广东省中山市建斌职业技术学校
谭赞珠　广东省中山市建斌职业技术学校
袁浏榴　广东省惠城职业技术学校
许燕芬　广东省惠城职业技术学校
李长亮　重庆市铜梁职业教育中心

前言

本书主要是基于会计基础中所涉及的核算基本方法，旨在培养学生动手核算的能力及理论联系实际的能力，使初学会计的同学能尽快将抽象的会计理论与实践紧密联系起来，在打好理论基础的同时，牢固地掌握会计核算的基本方法。

本书最大的特点是每个实训都根据会计基础核算的特点而设，首先是知识准备，给学生讲清所要掌握的知识；然后结合实际工作案例，讲解知识要点，并配有图表，直观教学，让学生心到眼到，避免空洞说教；最后是实训，结合实际工作，精心制作大量原始凭证，突出仿真性、实用性。实训配有答案，非常方便学生学习。此外，项目五“纳税申报表填制”按照国家税务总局最新颁布的“国家税务总局关于发布中华人民共和国企业所得税月(季)度预缴纳税申报表(A类)”和“国家税务总局关于增值税、消费税与附加税费申报表整合有关事项”的公告，对最新企业所得税申报表样式和增值税申报表样式进行了编辑并对例题、实训题进行了重新编写；将增值税的业务题都按最新的增值税发票样式进行编写，例题、习题解答突出了 Excel 在会计工作中的应用示范，有一定指导意义。教师在指导同学完成实训时，尽量使用与实际会计工作相同的会计用品。

会计基础核算是会计工作的起点，在人工智能化做账的今天，学生普遍忽视会计基础核算，热衷赶时髦学新潮。为了纠正学生这种认识上的偏差，具有教学经验和工作经验的教师结合多年的教学与实践，编写本书，目的在于让学生树立“会计基础核算为起点，人工智能化做账为手段”的工作理念。

全书由苏勇高级讲师主持编写，得到了厦门九九网智科技有限责任公司张宏艳老师的大力帮助，在此表示感谢。

本实训教程难免有错误之处，恳请同行批评指正，以便我们在使用过程当中不断修改完善，提高实训教程质量。

编者

目录

第一部分　单项会计方法模拟

第一部分

单项会计方法模拟

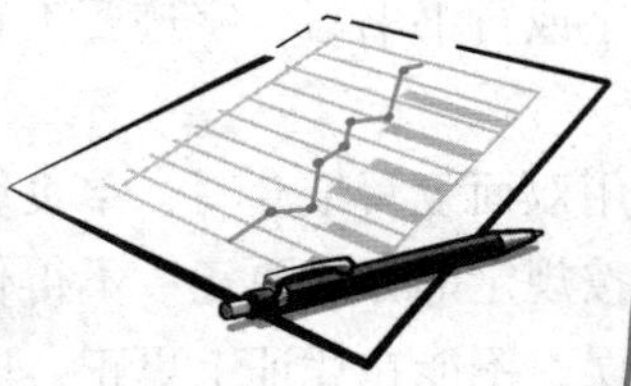

项目一 原始凭证填制与审核

1.1 知识准备一 原始凭证的填制要求

1. 真实可靠、手续完备

原始凭证上记载的经济业务，必须与实际情况相符。如实记录经济业务的真实情况，决不允许有任何歪曲或弄虚作假的情况。每张凭证上填列的日期、业务内容、数量、单价、金额等应当真实可靠，这样才能保证会计信息的客观真实性。

从外单位取得的原始凭证，必须有填制单位的公章(或专用章)；从个人取得的原始凭证必须有填制人签名或盖章；自制原始凭证，必须有部门负责人和经办人员的签名或盖章；对外开出的原始凭证，必须加盖本单位的公章或有关部门的专用章。

2. 内容完整、书写清楚

(1) 严格按规定的格式或内容逐项填写经济业务的完成情况。

(2) 凭证上的文字，用正楷字或行书书写，字迹要工整、清晰，易于辨认，不使用未经国务院颁布的简化字。

(3) 一式几联的凭证，必须用双面复写纸套写，单页凭证必须用钢笔填写。

(4) 凭证填写发生错误，应按规定的方法更正。不得任意涂改或刮、挖、擦、补，现金和银行存款等收付凭证填写错误，不能在凭证上更正，应按规定的手续注销留存，重新填写。

3. 数字填写必须准确无误，并按规定书写

(1) 原始凭证上的数字填写必须清晰、正确，易于辨认。金额前要写明货币符号，如人民币用“￥”表示，港币用“HK＄”表示，美元用“US＄”表示等。

(2) 阿拉伯数字要单个书写，不得连笔，金额大写一律用正楷字或行书书写，如壹、贰、叁、肆、伍、陆、柒、捌、玖、拾、佰、仟、万、亿、元(圆)、角、分、零、整(正)，大写金额最后为“元”“角”的应加写“整”或“正”字断尾。

(3) 金额数要写到角、分为止，无角、分的用“0”或符号“—”表示，有角无分的，分位应写“0”，此时不能用符号“—”。

(4) 填写大写金额时，事先印好的“人民币”字样与大写数字之间不得留空；金额数字中间有“0”时，汉字大写金额要写“零”字，如￥709.50，汉字大写金额应写成“人民币柒佰零玖元伍角整”。数字中间连续有几个“0”时，汉字大写金额中可以写一个“零”字，如

¥3 009.51，汉字大写金额应写成“人民币叁仟零玖元伍角壹分”。书写时，数字的大写金额和小写金额必须保持一致。

4. 连续编号、及时填制

各种凭证都必须连续编号，以备查考。一些事先印好编号的重要凭证作废时，在作废的凭证上应加盖“作废”戳记，连同存根一起保存，不得随意撕毁。所有经办业务的有关部门和人员，在经济业务实际发生或完成时，必须及时将原始凭证送交会计部门。

1.2 知识准备二　典型原始凭证填制示例

总的来说，企业原始凭证填制方法就是根据业务内容，结合需要填制的原始凭证样式，将经济业务反映的内容在原始凭证上找到对应的位置，一一对应填写就行，当然涉及计算的要计算出相应的结果，才能填入。原始凭证类型按照形成特点大致可分为银行结算单据、往来业务单据、成本费用单据三大类。

1.2.1　银行结算单据的填制

对于企业来说，和银行之间会有大量的结算单据。和银行往来的结算单据大多是制式的，也就是说银行已经对结算单据的格式和填写都有明文规定，企业填写银行单据时一定要按照银行的规定来填制，这项工作一般由企业的出纳来完成。和银行往来的结算单据常见的有现金支票、转账支票、银行本票、银行汇票、商业承兑汇票、银行承兑汇票、委托收款、汇兑、异地托收承付等。下面我们就以常见的几种银行结算单据来讲解银行结算单据的填制。

1. 现金支票的填制

例题 1　华月股份有限公司 2023 年 8 月 1 日由出纳王鸥提取现金 33 900.00 元用于备用金，填写现金支票。支付密码 1806-0958-0449-8888，付款银行：中国建设银行保定市竞秀区支行，付款人账号 41652038966334，银行预留印鉴：华月股份有限公司财务专用章，公司法人苏锦达。填制一张现金支票。相关资料见图 1-1~图 1-3。

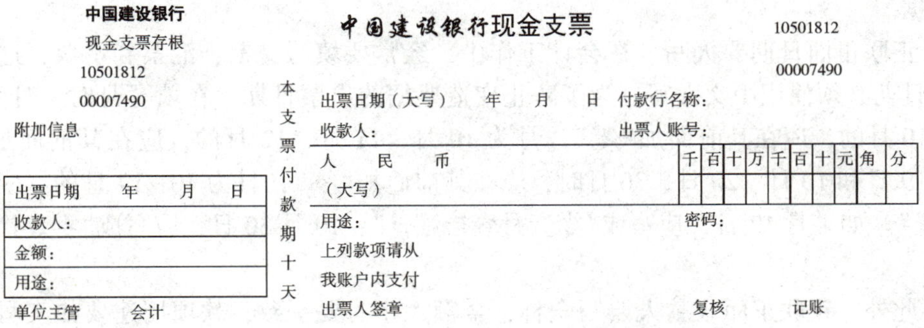
中国建设银行
现金支票存根
10501812
00007490
附加信息

出票日期　　年　　月　　日
收款人：
金额：
用途：

单位主管　　会计

本支票付款期十天

中国建设银行现金支票　　10501812　00007490

出票日期（大写）　　年　　月　　日　付款行名称：
收款人：　　出票人账号：

人民币（大写）	千	百	十	万	千	百	十	元	角	分

用途：　　密码：
上列款项请从
我账户内支付
出票人签章　　复核　　记账

图 1-1　空白现金支票正面

<table>
<tr><td rowspan="3">附加信息：</td><td colspan="2">

收款人签章
年　月　日</td></tr>
<tr><td>身份证件名称：</td><td>发证机关</td></tr>
<tr><td colspan="2">号码</td></tr>
</table>

图 1-2　空白转账支票背面

现金支票备查簿												
开户银行：中国建设银行保定市竞秀区支行					银行账号：41652038966334					结存数量	使用部门	领用人签字
日期			购入			使用						
年	月	日	数量	支票起始号	支票终止号	支票号	用途	收款人	金额			
2023	7	31		00007430	00007514					25		

图 1-3　现金支票备查簿

填制要点

（1）现金支票正面填写：

① 以中间线为界，线右边为正联，填好后要交给开户银行，左边为存根联，留存为记账依据。

② 正联正面日期要大写。在会计工作中，经常要填写支票、汇票和本票，这些票据的出票日期必须使用中文大写。为了防止变造票据的出票日期，在填写月时，月为 1 月、2 月和 10 月的，应在其前面加“零”，月为 10 月、11 月、12 月的，应在其前面加“壹”；日为 1~9 日和 10 日、20 日、30 日时，应在其前面加“零”，日为 10~19 日的，应在其前面加“壹”。如 1 月 12 日，应写成“零壹月壹拾贰日”；10 月 30 日，应写成“零壹拾月零叁拾日”。

③ 此外，正联正面收款人要写全称，金额大小写要一致，款项用途要如实写，书写支付密码，出票人签章处加盖企业财务专用章和企业法人章。

④ 正面存根联企业留存作为记账的依据，日期小写即可，收款人名称、金额、用途按照虚线右边相关内容填写即可。见图 1-4。

中国建设银行
现金支票存根（冀）
10501812
00007490
附加信息

出票日期：2023 年 08 月 01 日
收款人：华月股份有限公司
金额：¥33 900.00
用途：提取备用金

单位主管　　会计

中国建设银行现金支票　　10501812
00007490

本支票付款期十天

出票日期（大写）贰零贰叁年捌月零壹日　付款行名称：中国建设银行保定市竞秀区支行
收款人：华月股份有限公司　出票人账号：41652038966334

人民币（大写）	叁万叁仟玖佰元整	千	百	十	万	千	百	十	元	角	分
				¥	3	3	9	0	0	0	0

用途：提取备用金　密码：1806-0958-0449-8888
上列款项请从
我账户内支付
出票人签章　华月股份有限公司 财务专用章　达苏印锦
复核　记账

图 1-4　现金支票正面填写

（2）现金支票正联背面填写：

现金支票正联填好后要交给银行，同时在背面加盖预留银行的企业财务专用章和法人章，同时写好日期。见图 1-5。

附加信息：

华月股份有限公司 财务专用章　达苏印锦
收款人签章
2023　年 08 月　01 日
身份证件名称：　　发证机关
号码

图 1-5　现金支票正联背面填写

（3）现金支票备查簿填写：

按领用日期、支票号码(后八位)、用途、金额、支票结存数量、领用部门、领用人填写，见图 1-6。

现金支票备查簿												
开户银行：中国建设银行保定市竞秀区支行				银行账号：41652038966334						结存数量	使用部门	领用人签字
日期			购入			使用						
年	月	日	数量	支票起始号	支票终止号	支票号	用途	收款人	金额			
2023	7	31		00007430	00007514					25		
2023	8	1				00007490	备用金	华月股份有限公司	¥33 900.00	24	财务部门	王鸥

图 1-6　现金支票备查簿填写

知识提示

转账支票的填写可参考现金支票的填写。企业开出转账支票后一般是把正联交给其他企业用于办理款项的转账划拨，正联的背面一般不需填写，由其他企业办理转账时填写，这一点和现金支票不一样，需要注意。

2. 银行汇票申请书

例题 2 2023 年 8 月 3 日，华月股份有限公司拟以银行汇票支付货款 16 950. 00 元，填制银行汇票申请书。申请人名称及账号：华月股份有限公司，账号 41652038966334；收款人：天马股份有限公司；账号：52868618724513；付款方式：转账；支付密码：8561-9256-4850-4105；银行预留印鉴：华月股份有限公司财务专用章，公司法人苏锦达。见图 1-7。

中国建设银行　银行汇（本）票申请书

币别:　　　　　　　　　　年　　月　　日　　　　　　流水号: 84649275

业务类型	□银行汇票 □银行本票	付款方式	□转账 □现金
申请人		收 款 人	
账 号		账 号	
用 途		代理付款行	
金额	人民币（大写）	亿 千 百 十 万 千 百 十 元 角 分	
客户签章		支付密码:	

第一联 此联银行作凭证

会计主管　　授权　　复核　　录入

图 1-7　银行汇票申请书

填制要点

根据申请书样式，填写内容包括日期(小写)、申请人、收款人名称及账号、金额、用途、盖章，见图 1-8。

中国建设银行　银行汇（本）票申请书

币别：人民币　　　　2023 年 08 月 03 日　　　　流水号：84649275

业务类型	☑银行汇票 □ 银行本票	付款方式	☑转账 □现金
申请人	华月股份有限公司	收款人	天马股份有限公司
账号	41652038966334	账号	52868618724513
用途	支付货款	代理付款行	中国建设银行保定市竞秀区支行
金额	人民币（大写） **壹万陆仟玖佰伍拾元整**	亿 千 百 十 万 千 百 十 元 角 分 ¥ 1 6 9 5 0 0 0	
客户签章 [印章：华月股份有限公司 财务专用章] [印章：苏锦达印]		支付密码：8561-9256-4850-4105	

第一联：此联银行作凭证

会计主管　　授权　　复核　　录入

图 1-8　银行汇票申请书填制

3. 汇兑结算

例题 3　2023 年 8 月 15 日，华月股份有限公司支付货款 30 000.00 元，填制电汇凭证。支付密码 4569-5671-4003-8431；汇款方式：普通；汇款银行：中国建设银行保定市竞秀区支行，汇款账号 41652038966334；收款人：天马股份有限公司；账号 52868618724513；汇入行：中国工商银行保定市博野县支行。银行预留印鉴：华月股份有限公司财务专用章，公司法人苏锦达。见图 1-9。

中国建设银行

电汇凭证

币别:　　　　年　月　日　　　　流水号: 76312375

汇款方式		□普通　□加急			
汇款人	全　称		收款人	全　称	
	账　号			账　号	
	汇出地点	省　市/县		汇入地点	省　市/县
汇出行名称			汇入行名称		
金额	人民币（大写）			亿 千 百 十 万 千 百 十 元 角 分	
			支付密码		
			附加信息及用途:		客户签章

会计主管　　授权　　复核　　录入

第一联　银行记账凭证

图 1-9　电汇凭证

填制要点

根据电汇凭证样式，按要求填写内容，包括日期(小写)、汇款方式、汇款人、收款人全称及账号、汇入地、汇出地、金额、用途、盖章等，见图 1-10。

中国建设银行 电汇凭证

币别:人民币　　2023 年 08 月 15 日　　流水号:76312375

汇款方式		☑普通 □加急			
汇款人	全称	华月股份有限公司	收款人	全称	天马股份有限公司
	账号	41652038966334		账号	52868618724513
	汇出地点	河北省保定市		汇入地点	河北省保定市博野县
汇出行名称		中国建设银行保定市竞秀区支行	汇入行名称		中国工商银行保定市博野县支行
金额	人民币（大写）	叁万元整		亿 千 百 十 万 千 百 十 元 角 分	¥ 3 0 0 0 0 0 0
			支付密码: 4569-5671-4003-8431		
			附加信息用途: 支付货款		华月股份有限公司 财务专用章　苏锦达印

会计主管　　授权　　复核　　录入

图 1-10　电汇凭证填制

4. 收到银行汇票到期，办理进账结算

例题 4 2023 年 8 月 19 日，华月股份有限公司收到长城股份有限公司的银行汇票后办理进账手续，实际结算金额 340 356. 00 元，办理进账手续。收款银行：中国建设银行保定市竞秀区支行，账号 41652038966334；付款人：长城股份有限公司，开户行：中国建设银行北京市西城区支行；账号：45782321690290。银行预留印鉴：华月股份有限公司财务专用章，公司法人苏锦达。见图 1-11~图 1-14。

中国建设银行

银行汇票 2

10501846

01396379

付款期限 壹个月

出票日期（大写）	贰零贰叁年捌月壹拾玖日	代理付款行：	行号：
收款人：华月股份有限公司		账号：41652038966334	
出票金额	人民币（大写）叁拾肆万零捌佰伍拾陆元整		¥340856. 00
实际结算金额	人民币（大写）	亿 千 百 十 万 千 百 十 元 角 分	

申请人：长城股份有限公司　　账号：45782321690290

出票行：中国建设银行北京市西城区支行

备注：货款

凭票付款

出票行签章

（印章：中国建设银行北京市西城区支行 汇票专用章 210）　肖萍

多余金额										复核　记账
千	百	十	万	千	百	十	元	角	分	

图 1-11　收到银行汇票

被背书人	被背书人
背书人签章 年　月　日	背书人签章 年　月　日
持票人向银行提示付款签章：	身份证件名称：　发证机关： 号码

图 1-12　银行汇票背面

填制要点

本题华月股份有限公司收到银行汇票后，及时办理转账结算，首先要将票据金额和实际结算金额比较，算出多余金额，然后将实际结算金额和多余款分别填入银行汇票（第 2 联）和解讫通知联（第 3 联）的相关位置处，然后填写银行汇票（第 2 联）背面提示付款，最后填写进账单。

中国建设银行

付款期限 壹 个 月

银行汇票 解讫通知 3

10501846

01396379

出票日期（大写） 贰零贰叁年捌月壹拾玖日		代理付款行：	行号：
收款人：华月股份有限公司		账号：41652038966334	
出票金额	人民币（大写） 叁拾肆万零捌佰伍拾陆元整		¥340856.00
实际结算金额	人民币（大写）		亿 千 百 十 万 千 百 十 元 角 分

申请人：长城股份有限公司　　账号：45782321690290

出票行：中国建设银行北京市西城区支行

备注：货款

凭票付款

出票行签章　（印章：北京市西城区支行 汇票专用章 210）　肖萍

多余金额											
千	百	十	万	千	百	十	元	角	分	复核	记账

图 1-13　银行汇票解讫通知联

中国建设银行进账单（回单）　1

年　月　日

出票人	全　称		收款人	全　称	
	账　号			账　号	
	开户银行			开户银行	
金额	人民币（大写）				亿 千 百 十 万 千 百 十 元 角 分
票据种类		票据张数			
票据号码					
复核　记账				开户银行签章	

此联是开户银行交给持（出）票人的回单

图 1-14　进账单

（1）填制银行汇票（第 2 联）。

将实际结算金额和多余款分别填入相关位置，见图 1-15。

中国建设银行

付款期限 壹 个 月

银行汇票 2

10501846

01396379

出票日期（大写） 贰零贰叁年捌月壹拾玖日		代理付款行：	行号：
收款人：华月股份有限公司		账号：41652038966334	
出票金额	人民币（大写） 叁拾肆万零捌佰伍拾陆元整		¥340856.00
实际结算金额	人民币（大写） 叁拾肆万零叁佰伍拾陆元整		¥ 3 4 0 3 5 6 0 0

申请人：长城股份有限公司　　账号：45782321690290

出票行：中国建设银行北京市西城区支行

备注：货款

凭票付款

出票行签章　（印章：北京市西城区支行 汇票专用章 210）　肖萍

多余金额										科目（借） 对方科目（贷） 兑付日期：年 月 日 复核 记账
千	百	十	万	千	百	十	元	角	分	
				¥	5	0	0	0	0	

图 1-15　填制银行汇票（第 2 联）

（2）填写银行汇票（第 2 联）背面提示付款。

主要是盖章，通过银行提示对方付款，见图 1-16。

被背书人	被背书人
背书人签章 年 月 日	背书人签章 年 月 日
持票人向银行 提示付款签章 华月股份有限公司 财务专用章 苏锦达印	身份证件名称： 发证机关： 号码

图 1-16　填写银行汇票（第 2 联）背面提示付款

（3）填写解讫通知联（第 3 联）。

将实际结算金额和多余款分别填入相关位置，见图 1-17。

中国建设银行

付款期限 壹个月

银行汇票　解讫通知　**3**　10501846　01396379

出票日期（大写）　贰零贰叁年捌月壹拾玖日	代理付款行：
收款人：华月股份有限公司	账号：41652038966334
出票金额　人民币（大写）　叁拾肆万零捌佰伍拾陆元整	¥340856.00

实际结算金额	人民币（大写）	亿	千	百	十	万	千	百	十	元	角	分
	叁拾肆万零叁佰伍拾陆元整		¥	3	4	0	3	5	6	0	0	

申请人：长城股份有限公司　　账号：45782321690290

出票行：中国建设银行北京市西城区支行

备注：货款

凭票付款

出票行签章　（中国建设银行北京市西城区支行 汇票专用章 210）　肖萍

多余金额									复核	记账
千	百	十	万	千	百	十	元	角	分	
				¥	5	0	0	0	0	

图 1-17　填写解讫通知联（第 3 联）

（4）填写进账单。

按照进账单样式，主要填制日期、出票人（付款人）、收款人详细信息、金额、票据种类及张数、号码等信息。见图 1-18。

5. 银行承兑汇票到期，采用委托收款结算方式收款

例题 5　2023 年 8 月 20 日，华月股份有限公司出纳王鸥持到期的银行承兑汇票办理进账，采用电划方式委托开户行收款。付款方：隆欣股份有限公司；付款账号：53078325641056；付款方开户行：中国建设银行武汉市江岸区支行；收款方：华月股份有限公司；收款方开户行：中国建设银行保定市竞秀区支行，账号 41652038966334；银行预留印鉴：华月股份有限公司财务专用章，公司法人苏锦达。有关资料见图 1-19～图 1-22。

中国建设银行**进账单**（回单）　1

2023 年 08 月 20 日

出票人	全　称	长城股份有限公司	收款人	全　称	华月股份有限公司
	账　号	45782321690290		账　号	41652038966334
	开户银行	中国建设银行北京市西城区支行		开户银行	中国建设银行保定市竞秀区支行

金额	千	百	十	万	千	百	十	元	角	分
人民币（大写）**叁拾肆万零叁佰伍拾陆元整**		¥	3	4	0	3	5	6	0	0

票据种类	银行汇票	票据张数	2	
票据号码	1050184601396379			
复核　记账				开户银行签章

图 1-18　填写进账单

银行承兑汇票　2

47990220
70852356

出票日期（大写）　贰零贰叁年零贰月零贰拾日

出票人全称	隆欣股份有限公司	收款人	全　称	华月股份有限公司
出票人账号	53078325641056		账　号	41652038966334
付款行全称	中国建设银行武汉市江岸区支行		开户银行	中国建设银行保定市竞秀区支行

出票金额	亿	千	百	十	万	千	百	十	元	角	分
人民币（大写）**捌万陆仟贰佰捌拾元整**				¥	8	6	2	8	0	0	0

汇票到期日	贰零贰叁年捌月零贰拾日	付款行	行号	105651327380862
承兑协议编号	44272023		地址	湖北省武汉市江岸区范雪街孙素路 23 号
请你行承兑，到期无条件付款 出票人签章 隆欣股份有限公司 财务专用章 刘丹	本汇票已经承兑，到期日内本行付款 承兑行签章 建行武汉市江岸区支行 汇票专用章 2525 刘西辰 承兑日期　2023 年 03 月 20 日		复核	记账

图 1-19　银行承兑汇票

被背书人	被背书人	被背书人	
背书人签章 年　月　日	背书人签章 年　月　日	背书人签章 年　月　日	（贴粘单处）

图 1-20　银行承兑汇票背面

应收票据备查簿																							
票据基本情况								承兑人名称	背书人名称	送票人	贴现				背书转让				到期收款				领票人
出票人名称	出票日			到期日			票面金额				日期			净额	日期			被背书人	日期			金额	
	年	月	日	年	月	日					年	月	日		年	月	日		年	月	日		
隆欣股份有限公司	2023	2	20	2023	8	20	¥86 280.00	中国建设银行武汉江岸区支行	华月股份有限公司														

图 1-21 应收票据备查簿

托收凭证（受理回单） 1

委托日期 年 月 日

业务类型	委托收款（□邮划 □电划） 托收承付（□邮划 □电划）			
付款人 全称		收款人 全称		
付款人 账号		收款人 账号		
付款人 地址	省 市县 开户行	收款人 地址	省 市县 开户行	
金额 人民币（大写）			亿 千 百 十 万 千 百 十 元 角 分	
款项内容		托收凭据名称		附寄单证张数
商品发运情况		合同名称号码		
备注： 复核 记账	年 月 日	收款人开户银行签章 年 月 日		

（××××）10×17.5公分 15 角直印刷××××××××××

此联作收款人开户银行给收款人的受理回单

图 1-22 托收凭证回单

填制要点

本题银行承兑汇票到期，出纳应将其背书交给银行，委托银行收款。

（1）出纳王鸥将到期的银行承兑汇票交给其开户银行，背面要进行背书。此时其开户行为被背书人，写明“委托收款”字样，然后盖章。见图 1-23。

（2）填制应收票据备查簿。由出纳王鸥在“到期收款”栏下写清收款日期、金额，并签字。见图 1-24。

（3）填制委托收款凭证。

根据托收凭证样式，主要填制日期、出票人（付款人）、收款人详细信息、金额、票据种类及张数等信息。见图 1-25。

被背书人：中国建设银行保定市竞秀区支行	被背书人	被背书人
委托收款 华月股份有限公司 财务专用章 苏锦达印 背书人签章 2023 年 08 月 20 日	背书人签章 年 月 日	背书人签章 年 月 日

图 1-23　银行承兑汇票背书

应收票据备查簿

票据基本情况								承兑人名称	背书人名称	送票人	贴现				背书转让				到期收款				领票人
出票人名称	出票日			到期日			票面金额				日期			净额	日期			被背书人	日期			金额	
	年	月	日	年	月	日					年	月	日		年	月	日		年	月	日		
隆欣股份有限公司	2023	2	20	2023	8	20	¥86 280.00	中国建设银行武汉市江岸区支行	华月股份有限公司										2023	8	20	¥86 280.00	王鸥

图 1-24　填制应收票据备查簿

托收凭证(受理回单)

委托日期 2023 年 08 月 20 日

业务类型		委托收款（□邮划　☑电划）托收承付（□邮划　□电划）			
付款人	全　称	隆欣股份有限公司	收款人	全　称	华月股份有限公司
	账　号	53078325641056		账　号	41652038966334
	开户银行	中国建设银行武汉市江岸区支行		开户银行	中国建设银行保定市竞秀区支行

金额	人民币(大写) **捌万陆仟贰佰捌拾元整**	亿	千	百	十	万	千	百	十	元	角	分
					¥	*8*	*6*	*2*	*8*	*0*	*0*	*0*

款项内容	银行承兑汇票到期	托收凭据名　称	银行承兑汇票	附寄单证张数或册数	1
商品发运情况	已发运	合同名称号码	№0468		
备注： 复核　　记账		款项收妥日期 年　月　日		收款人开户银行签章 年　月　日	

图 1-25　填制委托收款凭证

1.2.2 往来业务单据

往来业务单据包括企业和其他单位往来的单据，比如增值税发票、收据等，我们就以增值税发票、收据来说明往来业务单据的填制。

1. 增值税发票

增值税发票包括纸质增值税专用发票和增值税普票、增值税电子普通发票。当前，全国范围内增值税电子专用发票开始施行。不管专票还是普票，也不管纸质票还是电子票，它们的填制方法是一样的。

增值税发票的开具需要进入税务局统一要求的专门的税控软件进行填制。步骤如下：

(1) 打开软件，进入开票系统，必须先在客户设置里把客户名称、电话地址、开户行和账号等信息填入，在商品设置里把商品的名称、规格、单位等信息填入。

(2) 点击发票填开，选择购货方的名称、识别号、地址、电话、开户行和账号。

(3) 选择货物的名称，有规格型号的话再选择具体型号，单位是自动的(之前要先设置)，输入数量，在含税状态下输入含税单价，再点击不含税的按钮就自动转成不含税价了。

(4) 然后核对下你的价税合计，准确无误后点击“打印”命令即可。

当然，我们可以手工练习增值税发票的填写，填写时注意将购买方、销售方的名称及账号和纳税识别号写清楚，还有就是货物的名称、计量单位、金额、税额也要填制，这里就不再赘述了。

2. 收据的填制

企业和其他单位及内部职工之间都可能产生收款业务，这时就需要收款企业填制收款收据，一式三联，其中一联交给付款单位，一联交给备查，一联交给财会部门入账。我们以收取企业内部职工的交款为例来说明收据的填制。

例题 6 华月股份有限公司财会部 2023 年 8 月 20 日收到职工张亮退回原预借差旅费的多余现金 120 元，由出纳王鸥当面收妥。填制收据一张，见图 1-26。

收　款　收　据

年　月　日

<table>
<tr><td colspan="14">今收到</td></tr>
<tr><td colspan="6" rowspan="2">人民币（大写）：</td><td>十</td><td>万</td><td>千</td><td>百</td><td>十</td><td>元</td><td>角</td><td>分</td></tr>
<tr><td></td><td></td><td></td><td></td><td></td><td></td><td></td><td></td></tr>
<tr><td colspan="5" rowspan="3">事由：</td><td colspan="9">现金</td></tr>
<tr><td colspan="9">支票　　　　号</td></tr>
<tr><td colspan="9"></td></tr>
<tr><td>收款单位</td><td></td><td>财务负责人</td><td></td><td>收款人</td><td colspan="9"></td></tr>
</table>

第三联 记账联

图 1-26 收据示例

填制要点

现金当面收妥后，要写清付款人、金额、事由、收款方式，盖财务专用章，相关人员签字盖章，见图 1-27。

收　款　收　据

2023年8月20日

今收到 张亮退回差旅费											第三联 记账联
人民币（大写）：壹佰贰拾元整				十	万	千	百	十	元	角	分
						¥	1	2	0	0	0
事由：出差多余款交回				现金	现金收讫						
				支票	号						
收款单位	华月股份有限公司	财务负责人	李丽	收款人	王鸥						

华月股份有限公司 财务专用章

图 1-27　收据填制

1.2.3　成本费用单据的填制

成本费用单据的填制一般是企业自制原始凭证，涉及企业成本和费用的计算，如差旅费报销单、收料单、领料单、固定资产折旧费用计算单、水电费分配表、产品成本计算单、产品销售成本计算单、增值税及附加费计算单等，其中含有专门的数据计算，是企业做好成本费用管理的前提和基础。我们仅以差旅费报销单、收料单、领料单、固定资产折旧费用计算单、水电费分配表为例来说明成本费用单据的填制。

1. 差旅费报销单的填制

例题 7　华月股份有限公司销售部职工张华 2023 年 8 月 21 日报销差旅费，填制差旅费报销单。2023 年 8 月 15 日销售部职工张华去西安开商品展销会，当天到达，火车票计 500 元，发生住宿费共计 1 325 元(含增值税，增值税率 6%)。8 月 20 日返程，当天回抵，火车票计 500 元。张华出差前经领导同意预借差旅费 2 500 元。企业差旅费相关规定：按实际出差天数每天补贴 50 元，住宿费标准为每人每天 200 元(不含税)；长途客车、火车、轮船等票实报实销；飞机票必须提前经公司总经理批准，方可实报实销。销售部经理黄静，财务会计李江，单位领导苏锦达。差旅费报销单见图 1-28。

填制要点

(1) 出差人所属部门、姓名要填写；日期要填写；往返日程要填写，车票金额如实填写；两张火车票一张住宿单据；住宿费要按照企业报销标准填写，要计算出住了几天，本题住了 5 天，要从 15 日算起，一直算到 19 日，20 日就回来了没有住宿，所以住了 5 天，住宿费按企业报销标准计算为 1 000 元，张华住宿费含税为 1 325 元，换算成不含税的金额 1 325/1. 06 = 1250 元，但是超支的 250 元企业是不给报销的。最后小计计算可报销的费

部门：　　　　　　　　　　　　　年　月　日

姓名				出差事由							出差自　年　月　日 年　月　日			共　天	
起讫时间及地点						车船票		出差补助费			住宿补助费			其他	
月	日	起	月	日	讫	类别	金额	时间	标准	金额	日数	标准	金额	摘要	金额
小计															
合计金额（大写）：															
备注：预借：			核销：					退补：							

附单据　共　张

单位领导：　　　　　财务主管：　　　　　审核：　　　　　填报人：

图 1-28　差旅费报销单

用总计=来回火车票+出差补助+住宿费标准补助=1 000+50×6+1 000=2300 元，预借了 2500 元，张华应退回 200 元。附单据张数包括两张火车票一张住宿单据共 3 张。

（2）相关领导签字盖章。差旅费报销单填制见图 1-29。

差旅费报销单

部门：销售部　　　　　　2023 年 08 月 21 日

姓名		张华		出差事由				参加展销会			出差自2023 年 8 月15日 至2023 年 8 月 20日			共 6 天	
起讫时间及地点						车船票		出差补助费			住宿费补助			其他	
月	日	起	月	日	讫	类别	金额	天数	标准	金额	天数	标准	金额	摘要	金额
8	15	保定	8	15	西安	火车	500.00	6	50.00	300.00	5	200.00	1 000.00		
8	20	西安	8	20	保定	火车	500.00								
小计							1 000.00			300.00			1 000.00		
合计金额（大写）：贰仟叁佰元整									小写：¥2 300.00						
备注：预借2 500.00			核销：2 300.00					退补：退还财务200.00					现金收讫		

附单据　共　叁　张

单位领导：苏锦达　　　部门主管：黄静　　　审核：李江　　　填报人：张华

图 1-29　差旅费报销单填制

2. 收料单填制

例题 8　华月股份有限公司 2023 年 8 月 22 日从光辉公司购入 B 材料到达，验收入原材料库。同时收到相关增值税发票。货物增值税发票中载明应收数量 500 千克，单价 80. 00 元，增值税 5 200 元，发票号№ 58357886，运费增值税发票 3 500 元，增值税 315 元。由原材料库负责人刘刚和仓库收料员钱华共同组织验收，实收数量 500 千克。财务部会计李江填制领料单，财务部主任李丽复核。材料入库单见图 1-30。

材料入库单

供应单位: 编号:
发票号码: 年 月 日 仓库:

材料名称	规格	编号	单位	数量		金额			
				应收	实收	单价	发票金额	运杂费	合计
合计									
备注:							验收人签章:		

部门负责人: 复核人: 制表人:

图 1-30 材料入库单

填制要点

(1) 表头要填好，供应单位、相应的发票号、日期小写、验收仓库名称、入库单编号按发生顺序填写。

(2) 表格内的内容包括材料名称、单位、数量、金额。注意数量、金额同是数字，但填写是不一样的，金额一定要写到角分。

(3) 最后一格中合计栏中金额前不要忘记货币符号，同时根据该合计重新计算单价，金额至合计行的空白行画斜线注销。

(4) 相关人员要签字盖章。材料入库单填制见图 1-31。

材料入库单

供应单位: 光辉公司 编号: 0001
发票号码: № 58357886 2023年08月22日 仓库: 原材料库

材料名称	规格	编号	单位	数量		金额			
				应收	实收	单价	发票金额	运杂费	合计
B材料		02	千克	500	500	80.00	40 000.00	3 500.00	43 500.00
合计				500	500	80.00	40 000.00	3 500.00	¥43 500.00
备注:						验收人签章: 钱华			

部门负责人: 刘刚 复核人: 李丽 制表人: 李江

图 1-31 材料入库单填制

3. 领料单的填制

例题 9 生产车间 2023 年 8 月 6 日从原材料库领用 A 材料 100 千克用于生产甲产品，企业采用全月一次加权平均法计算发出材料成本。由仓库保管员张杰发料，仓库负责人刘刚负责核对，生产车间负责人赵华领料，月底由财务部成本会计李江填制领料单，财务部主任李丽复核。期初原材料库 A 材料数量 300 千克，单价 80 元，本期购入 200 千克，单价 85 元。领料单见图 1-32。

领料单

领料车间(部门)：　　　　　　　　　　　　　　　　　　　　　　仓库：原材料库
用途：　　　　　　　　　　　　年　月　日　　　　　　　　　　编号：0001

材料编号	材料名称	计量单位	期初		本月购入		单位成本	本月发出	
			数量	金额	数量	金额		数量	总金额
合　计									

部门负责人：　　　　发料人：　　　　领料人：　　　　制表人：

图 1-32　领料单

填制要点

（1）表头要填好，领用部门、用途、日期小写、发料仓库名称、发料单编号按发生顺序填写。

（2）表格内写好材料名称、计量单位、期初及本月购入的材料数量和金额、计算单位成本(加权平均单价)、

发出材料数量及金额，求出本月合计情况。注意数量、金额的填写。

计算单位成本(加权平均单价)=(期初金额+本月购入金额)÷(期初数量+本月购入数量)

发出材料成本=计算单位成本(加权平均单价)×发出数量

（3）相关人员盖章。领料单填制见图 1-33。

领料单

领料车间(部门)：生产车间　　　　　　　　　　　　　　　　　　仓库：原材料库
用途：生产甲产品　　　　　　　2023年08月30日　　　　　　　　编号：0001

材料编号	材料名称	计量单位	期初		本月购入		单位成本	本月发出	
			数量	金额	数量	金额		数量	总金额
01	A材料	千克	300	24 000.00	200	17 000.00	82.00	100	8 200.00
合　计			300	24 000.00	200	17 000.00		100	8 200.00

部门负责人：刘刚　　　　发料人：张杰　　　　领料人：赵华　　　　制表人：李江

图 1-33　领料单填制

4. 固定资产折旧计算表的填制

华月股份有限公司 2023 年 8 月 31 日填制 8 月份固定资产折旧计算表。2023 年 7 月 2 日生产车间购入机械设备一台，原值 300 000 元，机械设备类净残值率 4%，预计使用 10 年；7 月 15 日销售部门购入汽车一辆，用于销售货物，原值 200 000 元，运输工具类预计净残值率 4%，预计使用年限 4 年；7 月 31 日，生产车间报废一栋厂房，原值 100 000 元，房屋建筑类预计净残值率 4%，预计使用 20 年；企业采用平均年限法计提折旧。其他相关资料见图 1-34。财务部成本会计李江负责填制，财务部主任李丽复核。

固定资产折旧计算表

年　月　日

使用单位	固定资产类别	月初折旧额	上月增加的固定资产应计提的折旧额	上月减少的固定资产应计提的折旧额	本月应计提折旧额
销售部门	运输工具	2 000.00			
	办公电子设备	300.00			
	合计	2 300.00			
生产车间	机械设备	8 000.00			
	房屋建筑物	2 000.00			
	合计	10 000.00			
厂部管理部门	房屋建筑	2 000.00			
	办公电子设备	1 500.00			
	合计	3 500.00			
总计		15 800.00			

审核：　　　　　　　　　　　　　　　　　　填制：

图 1-34　固定资产折旧计算表

填制要点

（1）计算平均年限法固定资产月提折旧额。

固定资产月提折旧额=(原值-净残值)÷(年限×12)

=(原值-原值×净残值率)÷(年限×12)

=原值×(1-净残值率)÷(年限×12)

（2）实际工作中，计算月末某个部门时间范围内月固定资产应提折旧额。

实际工作中，计算某个部门时间范围内某月固定资产应提折旧额的原则：在上月计算出的折旧额的基础上，上月增加的固定资产，上月不提折旧，下月开始提取折旧；上月减少的固定资产，上月照提折旧，下月开始不再提取折旧。公式如下：

某部门某类固定资产月末计提折旧=该类固定资产月初计提折旧额+上月增加的固定资产应提折旧额-上月减少的固定资产应提折旧额

结合公式，计算如下：

销售部门运输工具 8 月应提折旧额=运输工具月初计提折旧额+7 月增加的运输工具应提折旧额-7 月减少的运输工具应提折旧额=2 000+200 000×(1-4%)÷(4×12)=6 000

销售部门办公电子设备 8 月应提折旧额=办公电子设备月初计提折旧额+7 月增加的办公电子设备应提折旧额-7 月减少的办公电子设备应提折旧额=300

生产车间机械设备 8 月应提折旧额=机械设备月初计提折旧额+7 月增加的机械设备应提折旧额-7 月减少的机械设备应提折旧额=8 000+300 000×(1-4%)÷(10×12)=10 400

生产车间房屋建筑物 8 月应提折旧额=房屋建筑物月初计提折旧额+7 月增加的房屋建筑物应提折旧额-7 月减少的房屋建筑物应提折旧额=2 000-100 000×(1-4%)÷(20×12)=1 600

厂部管理部门房屋建筑物8月应提折旧额=房屋建筑物月初计提折旧额+7月增加的房屋建筑物应提折旧额-7月减少的房屋建筑物应提折旧额=2 000

厂部办公电子设备8月应提折旧额=办公电子设备月初计提折旧额+7月增加的办公电子设备应提折旧额-7月减少的办公电子设备应提折旧额=1 500。固定资产折旧计算表填制，见图1-35。

固定资产折旧计算表

2023年8月31日

使用单位	固定资产类别	月初折旧额	上月增加的固定资产应计提的折旧额	上月减少的固定资产应计提的折旧额	本月应计提折旧额
销售部门	运输工具	2 000.00	4 000.00		6 000.00
	办公电子设备	300.00			300.00
	合计	2 300.00	4 000.00		6 300.00
生产车间	机械设备	8 000.00	2 400.00		10 400.00
	房屋建筑物	2 000.00		400.00	1 600.00
	合计	10 000.00	2 400.00	400.00	12 000.00
厂部管理部门	房屋建筑	2 000.00			2 000.00
	办公电子设备	1 500.00			1 500.00
	合计	3 500.00			3 500.00
总计		15 800.00	6 400.00	400.00	21 800.00

审核：李丽　　　　填制：李江

图1-35　固定资产折旧计算表填制

5. 电费分配表

华月股份有限公司8月发生电费7 848元，2023年8月31日根据各部门用电情况，由李江填制电力分配表，财务主管李丽复核。见图1-36。

年　月　日

部门	项目		用电量(度)	分配率	金额
	总账科目	明细科目			
生产车间	生产成本	丙产品	6 400		
		丁产品	3 600		
生产车间一般耗用	制造费用		2 180		
管理部门	管理费用		600		
销售部门	销售费用		300		
	合　计		13 080		

复核人：　　　　制表人：

图1-36　电力分配表

填制要点

（1）表格内要填好每部门用电量，用数字表示，单价和金额相应地要体现出货币形式。

分配率=用电费用÷用电量总计

某部门分配电力费用=分配率×某部门用电量

（2）相关人员签字。电力分配表填制见图 1-37。

2023年8月31日

部门	项 目		用电量(度)	分配率	金额
	总账科目	明细科目			
生产车间	生产成本	丙产品	6 400	0.60	3 840.00
		丁产品	3 600		2 160.00
生产车间一般耗用	制造费用		2 180		1 308.00
管理部门	管理费用		600		360.00
销售部门	销售费用		300		180.00
	合 计		13 080		¥7 848.00

复核人：李丽　　　　制表人：李江

图 1-37　电力分配表填制

我们可以从以上原始凭证填制例题中，以一斑窥全豹，掌握原始凭证的填制方法，即根据业务内容，结合需要填制的原始凭证样式，将经济业务反映的内容在原始凭证上找到对应的位置，一一对应填写就行，当然涉及计算的要计算出相应的结果，才能填入。

1.3 知识准备三　原始凭证的审核

1. 真实性审核

真实性审核。审核原始凭证，首先是审核其真实性，看它是否真实。如果不是真实的，就谈不上合法性、合理性和完整性审核了。所谓真实，就是说原始凭证上反映的应当是经济业务的本来面目，不得掩盖、歪曲和颠倒真实情况。

（1）经济业务双方当事单位和当事人必须是真实的。开出原始凭证的单位，接受原始凭证的单位，填制原始凭证的责任人，取得原始凭证的责任人都要据实填写，不得冒他人、他单位之名，也不得填写假名。

（2）经济业务发生的时间、地点、填制凭证的日期必须是真实的。不得把经济业务发生的真实时间改变为以前或以后的时间；不得把在甲地发生的经济业务改变成在乙地发生，也不得把填制原始凭证的真实日期改变为以前或以后的日期。

（3）业务的内容必须是真实的。是购货业务，必须标明货物的名称、规格、型号等；是住宿业务，就要标明住宿的日期；是乘坐交通工具业务，就得标明交通工具种类和起止地点；是就餐业务，必须标明就餐，不得把购物写成就餐，把就餐写成住宿；是劳动报酬支付，就应该附有考勤记录和工资标准等。

(4) 经济业务的“量”必须是真实的。购买货物业务，要标明货物的重量、长度、体积、数量；其他经济业务也要标明计价所使用的量。最后，也是最关键的一点，就是单价、金额必须是真实的。不得在原始凭证填写时抬高或压低单价，多开或少开金额。

2. 合法性审核

合法性审核是审核原始凭证所记载的经济业务是否符合有关财经纪律、法规、制度等的规定，有无违法乱纪行为，若有，应予揭露和制止，根据《会计法》的规定，对不真实、不合法的原始凭证，有权不予接受，并向单位负责人报告。

3. 合理性审核

合理性审核是审核经济业务的发生是否符合本单位事先制定的计划、预算等的要求，有无不讲经济效益、脱离目标的现象，是否符合费用开支标准，有无铺张浪费的行为。

4. 完整性审核

完整性审核是指审核原始凭证是否将有关内容填写齐全，各项目是否按要求填写。

对原始凭证完整性的审核，首先要审核原始凭证的各构成要素是否齐全。其次，审核各要素内容填制得是否正确、完整、清晰，特别是对凭证中所记录的数量、金额的正确性要进行认真审核，检查金额计算有无差错，大小写金额是否一致等。最后，审核各经办单位和人员签章是否齐全。根据《会计法》规定，对记载不准确、不完整的原始凭证予以退回，并要求按照国家统一的会计制度的规定更正、补充。

1.4 本章实训

实训一　原始凭证填制实训

根据下述资料，按照原始凭证的填制要求，填写各种原始凭证。

1. 实训目的

通过实训使学生掌握原始凭证的填制技能。

2. 实训要求

根据下列资料填制原始凭证。所需印章可手工自己绘制。

3. 实训资料

企业名称：华月股份有限公司(增值税一般纳税人)

会计人员：李江　出纳员：王鸥　会计主管：李丽　企业法人：苏锦达

开户行及账号：中国建设银行保定市竞秀区支行 41652038966334

纳税人识别号：120123885678924673

2023 年 10 月发生的有关交易或事项如下

(1) 10 月 3 日，因购买材料，将 10 月 2 日收到恒盛股份有限公司的转账支票背书转让给天马股份有限公司。银行预留印鉴：华月股份有限公司财务专用章，公司法人苏锦达。资料见图 1-38、图 1-39。

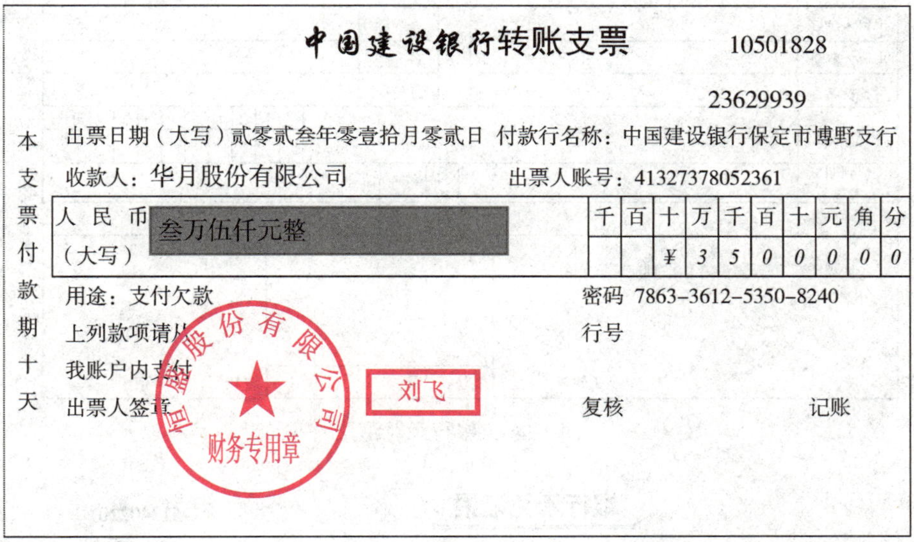
中国建设银行转账支票　10501828

23629939

本支票付款期十天

出票日期（大写）贰零贰叁年零壹拾月零贰日　付款行名称：中国建设银行保定市博野支行

收款人：华月股份有限公司　出票人账号：41327378052361

人民币（大写）	叁万伍仟元整	千	百	十	万	千	百	十	元	角	分
				¥	3	5	0	0	0	0	0

用途：支付欠款　密码 7863-3612-5350-8240

上列款项请从　行号

我账户内支付

出票人签章　复核　记账

图 1-38　收到的转账支票正联正面

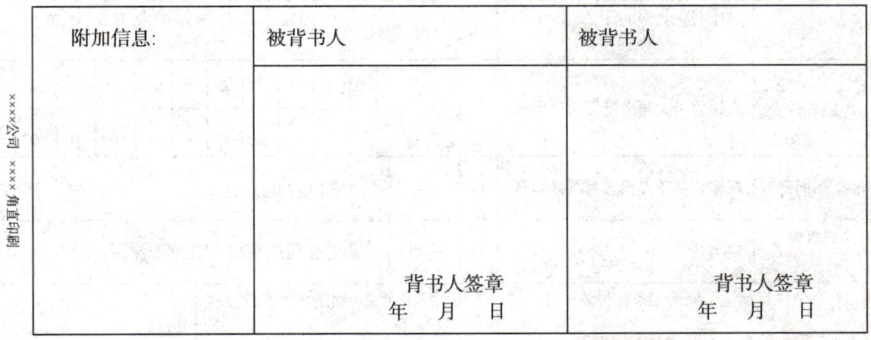
附加信息:	被背书人	被背书人
	背书人签章 年　月　日	背书人签章 年　月　日

××××公司　××××角直印刷

图 1-39　收到的转账支票正联背面

（2）10 月 4 日，签发银行承兑汇票 56 000 元用于支付东景股份有限公司货款。到期日：2023 年 11 月 4 日。东景股份有限公司开户行：中国工商银行北京宣武区支行，账号：36795013135672；华月股份有限公司开户行：中国建设银行保定市竞秀区支行，账号：41652038966334；银行预留印鉴：华月股份有限公司财务专用章，公司法人苏锦达。资料见图 1-40。

（3）10 月 10 日，公司出纳王鸥将持有的银行承兑汇票按照月贴现率 0.35%贴现，填写贴现凭证，办理贴现手续。银行预留印鉴：华月股份有限公司财务专用章，公司法人苏锦达。有关资料见图 1-41～图 1-44。

银行承兑汇票（卡片） 1

54888074

78668339

出票日期（大写） 年 月 日

出票人全称		收款人	全　称	
出票人账号			账　号	
付款行名称			开户银行	
出票金额	人民币（大写）		亿 千 百 十 万 千 百 十 元 角 分	
汇票到期日（大写）		付款行	行号	
承兑协议编号			地址	
本汇票请你行承兑，此项汇票款我单位按承兑协议于到期前足额交存你行，到期请予支付。 出票人签章		备注：	密押 复核　记账	

此联承兑行留存备查　到期支付票款时作借方凭证附件

图 1-40　银行承兑汇票

银行承兑汇票 2

51340220

93682356

出票日期（大写） 贰零贰叁年捌月零贰拾日

出票人全称	福隆股份有限公司	收款人	全　称	华月股份有限公司
出票人账号	53975688369472		账　号	41652038966334
付款行全称	中国建设银行武汉市江岸区支行		开户银行	中国建设银行保定市竞秀区支行
出票金额	人民币（大写）陆万叁仟元整			
汇票到期日	贰零贰叁年壹拾壹月零贰拾日	付款行	行号	105651327380862
承兑协议编号	59641302		地址	湖北省武汉市江岸区范雪街孙素路23号
请你行承兑，到期无条件付款 福隆股份有限公司 财务专用章　王虎 出票人签章		本汇票已经承兑，到期日内本行付款 承兑行签章 承兑日期　年　月　日		复核　记账

亿	千	百	十	万	千	百	十	元	角	分
			¥	6	3	0	0	0	0	0

图 1-41　银行承兑汇票

被背书人	被背书人	被背书人
背书人签章 年　月　日	背书人签章 年　月　日	背书人签章 年　月　日

（贴粘单处）

图 1-42　银行承兑汇票背面

<table>
<tr><td colspan="14">贴　现　凭　证（代申请书）①</td></tr>
<tr><td colspan="14">填写日期　　　　年　　月　　日　　　　第　00312181　号</td></tr>
<tr><td rowspan="3">贴现汇票</td><td>种　类</td><td colspan="2"></td><td>号码</td><td></td><td rowspan="3">申请人</td><td>名　称</td><td colspan="6"></td></tr>
<tr><td>出票日</td><td colspan="4">年　　月　　日</td><td>账　号</td><td colspan="6"></td></tr>
<tr><td>到期日</td><td colspan="4">年　　月　　日</td><td>开户银行</td><td colspan="6"></td></tr>
<tr><td colspan="2">汇票承兑人（或银行）</td><td>名称</td><td colspan="3"></td><td>账号</td><td colspan="7">开户银行</td></tr>
<tr><td colspan="2">汇票金额
（即贴现金额）</td><td colspan="10">人民币
（大写）</td><td colspan="2">千 百 十 万 千 百 十 元 角 分</td></tr>
<tr><td colspan="2">贴现率
每　月</td><td>‰</td><td>贴现利息</td><td colspan="3">千 百 十 万 千 百 十 元 角 分</td><td colspan="5">实付贴现金额</td><td>千 百 十 万 千 百 十 元 角 分</td></tr>
<tr><td colspan="5">兹根据《银行结算办法》的规定，附送承兑汇票申请贴现，请审核。
此致
________（贴现银行）
申请人盖章</td><td>银行审批</td><td colspan="4">负责人　　信贷员</td><td colspan="4">科目（借）________
对方科目（贷）________
复核　　记账</td></tr>
</table>

此联银行作贴现借方凭证

图 1-43　贴现凭证

<table>
<tr><td colspan="24">应收票据备查簿</td></tr>
<tr><td colspan="8">票据基本情况</td><td rowspan="3">承兑人名称</td><td rowspan="3">背书人名称</td><td rowspan="3">送票人</td><td colspan="4">贴现</td><td colspan="4">背书转让</td><td colspan="4">到期收款</td><td rowspan="3">领票人</td></tr>
<tr><td rowspan="2">出票人名称</td><td colspan="3">出票日</td><td colspan="3">到期日</td><td rowspan="2">票面金额</td><td colspan="3">日期</td><td rowspan="2">净额</td><td colspan="3">日期</td><td rowspan="2">被背书人</td><td colspan="3">日期</td><td rowspan="2">金额</td></tr>
<tr><td>年</td><td>月</td><td>日</td><td>年</td><td>月</td><td>日</td><td>年</td><td>月</td><td>日</td><td>年</td><td>月</td><td>日</td><td>年</td><td>月</td><td>日</td></tr>
<tr><td>福隆股份有限公司</td><td>2023</td><td>8</td><td>20</td><td>2023</td><td>11</td><td>20</td><td>¥63 000.00</td><td>中国建设银行武汉市江岸区支行</td><td>华月股份有限公司</td><td>林杨</td><td></td><td></td><td></td><td></td><td></td><td></td><td></td><td></td><td></td><td></td><td></td><td></td><td></td></tr>
<tr><td></td><td></td><td></td><td></td><td></td><td></td><td></td><td></td><td></td><td></td><td></td><td></td><td></td><td></td><td></td><td></td><td></td><td></td><td></td><td></td><td></td><td></td><td></td><td></td></tr>
<tr><td></td><td></td><td></td><td></td><td></td><td></td><td></td><td></td><td></td><td></td><td></td><td></td><td></td><td></td><td></td><td></td><td></td><td></td><td></td><td></td><td></td><td></td><td></td><td></td></tr>
<tr><td></td><td></td><td></td><td></td><td></td><td></td><td></td><td></td><td></td><td></td><td></td><td></td><td></td><td></td><td></td><td></td><td></td><td></td><td></td><td></td><td></td><td></td><td></td><td></td></tr>
<tr><td></td><td></td><td></td><td></td><td></td><td></td><td></td><td></td><td></td><td></td><td></td><td></td><td></td><td></td><td></td><td></td><td></td><td></td><td></td><td></td><td></td><td></td><td></td><td></td></tr>
</table>

图 1-44　应收票据备查簿

（4）10 月 11 日，销售部职工王峰赴大连开商品展销会，经批准向财务科借差旅费 3 000元，财务人员李江审核无误后付现金并填制借款单，见图 1-45。销售部门领导：黄静；财务主管：李丽；出纳：王鸥；单位负责人：苏锦达。

年　月　日

<table>
<tr><td colspan="2">部　门</td><td colspan="2"></td><td colspan="2">借款事由</td><td colspan="2"></td></tr>
<tr><td colspan="2">借款金额</td><td colspan="6">金额（大写）　　　　　　　　¥________</td></tr>
<tr><td colspan="2">批准金额</td><td colspan="6">金额（大写）　　　　　　　　¥________</td></tr>
<tr><td colspan="2">支付方式</td><td colspan="6">1.现金　　　2.转账　　　3.其他</td></tr>
<tr><td>单位负责人</td><td></td><td>部门领导</td><td></td><td>财务主管</td><td></td><td>借款人</td><td></td></tr>
</table>

图 1-45　借款单

（5）10月18日，向辽阳市洗衣粉制造厂购进甲材料100千克，取得增值税发票上注明单价85元，增值税1 105元，增值税发票号11102578；取得运费增值税发票注明运费3 000元，增值税270元；保险费200元，装卸费500元。材料验收入原材料库。这是本月第三笔入库业务。由原材料库负责人刘刚和仓库收料员钱华共同组织验收，财务部会计李江填制领料单，财务部主任李丽复核。见图1-46。

供应单位：　　　　　　　　　　　　　　　　　　　　仓库：

发票号：11102578　　　　　年　月　日　　　　　　收字第　号

	材料名称	规格材质	计量单位	应收数量	实收数量	单价	金额									
							千	百	十	万	千	百	十	元	角	分
备注：			运费、杂费等：													
			合计													

第二联记账联

仓库负责人：　　　　收料员：　　　　审核：　　　　制单：

图1-46　材料入库单

（6）10月19日，王峰开会回来报销差旅费，填制差旅费报销单，并由出纳根据差旅费报销单开出收据一张。10月13日至18日，销售部王峰到大连开商品展销会，来回发生火车票共计760元，住宿费1 350元（含增值税，税率6%）。企业报销标准每天出差补助100元，住宿费补助标准每晚250元，超过标准不予报销；出差前向财会部预借3 000元。由王峰填制差旅费报销单，并由出纳根据差旅费报销单开出收据一张。单位领导：苏锦达，销售部门领导：黄静，会计主管：李丽，出纳：王鸥。相关单据见图1-47、图1-48。

部门：　　　　　　　　年　　月　　日

姓名			出差事由					出差自　年　月　日 至　年　月　日					共　天		
起讫时间及地点						车船票		出差补助费			住宿费补费			其他	
月	日	起	月	日	讫	类别	金额	时间	标准	金额	日数	标准	金额	摘要	金额
小计															
合计金额（大写）：															
备注：预借　　　核销　　　退补															

附单据　　共　　张

单位领导：　　　　部门主管：　　　　审核：　　　　填报人：

图1-47　差旅费报销单

年　月　日

交款单位
或交款人 ____________________

收款方式：__________

事由 ____________________

金额(人民币大写): ____________________　　¥ __________

收款人：　　　　　　收款单位（盖章）

图 1-48　统一收款收据

（7）10 月 30 日，分配结转制造费用 4 000 元，由会计李江制表，会计主管李丽审核。见图 1-49。

年　月　日

分配产品	工时	分配率	分配费用
丙产品	500		
丁产品	300		
合计	800		

审核：　　　　　　　　制表：

图 1-49　制造费用结转表

（8）10 月 30 日，计提 10 月份折旧费用，2023 年 9 月 2 日生产车间购入机械设备一台，原值 300 000 元，机械设备类净残值率 4%，预计使用 10 年；9 月 15 日销售部门购入汽车一辆，用于销售货物，原值 200 000 元，运输工具类预计净残值率 4%，预计使用年限 4 年；9 月 30 日，生产车间报废一栋厂房，原值 100 000 元，房屋建筑类预计净残值率 4%，预计使用 20 年；企业采用平均年限法计提折旧。财务部会计李江负责填制，财务部主任李丽复核。见图 1-50。

（9）10 月 30 日，企业采用全月一次加权平均法计算结转丙产品销售成本。由财务部会计李江填制领料单，财务部主任李丽复核。期初产品库丙产品数量 1 000 件，单价 200 元，本期完工入库 3 000 件，单价 250 元。本月销售丙产品 2 000 件，领料单见图 1-51。

（10）10 月 30 日，根据本月应交增值税 5 000 元和消费税 800 元计提城建税、教育及教育附加费。由会计李江制表，会计主管李丽审核。见图 1-52。

年　月　日

使用单位	固定资产类别	月初折旧额	上月增加的固定资产应计提的折旧额	上月减少的固定资产应计提的折旧额	本月应计提折旧额
销售部门	运输工具	2 000.00			
	办公电子设备	300.00			
	合计	2 300.00			
生产车间	机械设备	8 000.00			
	房屋建筑物	2 000.00			
	合计	10 000.00			
厂部管理部门	房屋建筑	2 000.00			
	办公电子设备	1 500.00			
	合计	3 500.00			
总计		15 800.00			

审核：　　　　　　　　　　　　　　　　　填制：

图 1-50　固定资产折旧计算表

年　月　日

产品编号	产品名称	计量单位	期初		本月完工入库		单位成本	本月销售	
			数量	金额	数量	金额		数量	总金额
合　计									

审核：　　　　　　　　　　　　　　　　　制表：

图 1-51　产品销售成本计算单

年　月　日

税目名称	计提依据			计提比例	计提结果
	增值税	消费税	合计		
城市建设维护税				0.07	
教育费附加				0.03	
地方教育附加				0.02	
合计					

审核：　　　　　　　　　　　　　　　　　制表：

图 1-52　城建税、教育及教育附加费计提表

实训二　原始凭证审核实训

1. 实训要求

（1）审核原始凭证。以有关的法令、制度及计划等为依据对每一笔交易或事项所涉及的原始凭证进行审核，审查原始凭证所反映的交易或事项是否合理合法，同时审查原始凭证的内容是否完整、各项目填列是否齐全、数字计算是否正确以及大小写金额是否相符等。

（2）下面是华月股份有限公司 2023 年 4 月填制的有关原始凭证，请指出存在的问题。每一笔交易或事项所取得或填写的原始凭证中，至少有一处或多处错误或不完整。认真审核后指出其中存在的问题并提出修改处理意见和方法。

2. 实训资料

（1）2023 年 4 月 3 日，采购员王敏赴北京采购材料，填写借款单，经主管领导批准现金支付。见图 1–53。

2023 年 4 月 3 日

部 门	供应科		借款事由：参加订货会	
借款金额(人民币大写)贰仟元整			¥:2 000.00	
批准金额(人民币大写)贰仟元整			¥:2 000.00	
领导	苏锦达	财务主管	李丽	借款人：

图 1–53　借款单

（2）2023 年 4 月 8 日，生产车间王冠领用甲材料 40 千克，单价 80 元，领用乙材料 30 千克，单价 70 元(工作单号 1220，工作项目：调合)，生产丙产品。填制领料单一张，见图 1–54，领料人：张静；仓库负责人：刘刚；制单：李江；发料人：钱华。

领料部门：　　　　2023年4月8日

材料		单位	数量		计划单价	金额	过账
规格及名称			请领	实发			
甲材料		千克	40	40	80.00	3 200.00	
乙材料		千克	30	30	70.00	2 100.00	
工作单号	1220	用途					
工作项目							

仓库负责人：　　　　制单：　　　　发料：钱华　　　　领料：

图 1–54　领料单

（3）2023 年 4 月 9 日，销售产品，同时收到东方明珠有限公司签发的转账支票一张，见图 1–55。

中国工商银行转账支票　　No. 33889890

出票日期（大写）贰零贰叁年肆月玖日　　付款行名称：中国工商银行保定市民主路支行

收款人：华月股份有限公司　　出票人账号：80405412936457

本支票付款期限十天

人民币（大写）	百	十	万	千	百	十	元	角	分
人民币拾柒万伍仟伍佰元	¥	1	7	5	5	0	0	0	0

用途 购货款　　4569–5671–4003–8431

上列款项请从我账户内支付

出票人签章　　财务专用章　　肖梅印　　复核　　记账

图 1–55　转账支票

(4) 4 月 10 日，签发现金支票一张，金额 38 566.30 元，从银行提取现金以备发工资。企业法人：苏锦达。华月股份有限公司开户行：中国建设银行保定市竞秀区支行，账号：41652038966334；银行预留印鉴：华月股份有限公司财务专用章，公司法人苏锦达，见图 1-56。

中国建设银行 转账支票存根 No.33889990 附加信息 出票日期2023年 4月10日 收款人： 金额：¥38 566.30 用 途：发工资 单位主管 会计	**中国建设银行现金支票** No. 33889990 出票日期（大写）贰零贰叁年肆月壹拾日 付款行名称：中国建设银行保定市竞秀区支行 收款人：华月股份有限公司 出票人账号： 本支票付款期限十天 人民币（大写）叁万捌仟伍佰陆拾陆元叁角 百 十 万 千 百 十 元 角 分 ¥ 3 8 5 6 6 3 0 用途 发工资 1234-5671-4003-5678 上列款项请 从我账户内 支付 出票人签章 复核 记账 （印章：华月股份有限公司 财务专用章）

图 1-56 现金支票

(5) 4 月 18 日，办公室职员张明拿来发票一张，报销购买笔记本、钢笔等办公用品费用，见图 1-57。

客户名称及地址：华月股份有限公司 2023年4月18日 填制

品名规格	单位	数量	单价	金额 万	千	百	十	元	角	分
笔记本	本	20	6.00			1	2	0	0	0
钢 笔	支	12	14.80			1	6	5	6	0
合 计					¥	2	8	5	6	0
合计金额（大写）贰佰捌拾伍元陆角零分										

第二联发票

填票人：刘静 收款人：王丽娟 单位名称(盖章)（印章：保定创建有限公司 发票专用章）

图 1-57 河北省商品销售统一发票

项目二

记账凭证填制

2.1 知识准备　记账凭证的填制要求

只有读懂原始凭证，才能正确地书写记账凭证，才能正确核算企业的经济业务，因而，读懂原始凭证是写好记账凭证的基础。方法是对原始凭证表头、表体、表尾要仔细阅读，弄清楚每张原始凭证反映什么样的经济业务，然后把一笔业务的原始凭证联系起来，在头脑中勾勒描述出一个清晰明了的业务。

读懂了原始凭证，我们就可以书写记账凭证。记账凭证是会计人员根据审核无误后的原始凭证或汇总原始凭证，应用复式记账法和会计科目，按照经济业务的内容加以分类，并据以确定会计分录而填制，作为登记账簿依据的凭证。在实际工作中，编制会计分录就是通过填制记账凭证来完成的。因此，正确填制记账凭证，对于保证账簿记录的正确性有重要意义。

1. 记账凭证填制的基本要求

(1) 审核无误。是指在对原始凭证审核无误的基础上填制记账凭证。

(2) 内容完整。是指记账凭证该包括的内容都应填写齐全。

(3) 分类正确。是指根据经济业务的内容，正确区别不同类型的原始凭证，正确应用会计科目。

(4) 连续编号。是指记账凭证应当按会计事项处理先后顺序连续编号。

2. 填制记账凭证的具体要求

(1) 凭证必须附有原始凭证并注明张数(结账更正错误除外)。原始凭证的张数一般以自然张数为准。差旅费等零散票券，可贴在一张纸上，作为一张原始凭证。一张原始凭证涉及几张记账凭证的，可将原始凭证附在一张主要记账凭证后面，在其他记账凭证上注明主要记账凭证的编号。

(2) 一张原始凭证所列支出需要由两个以上单位共同负担时，由保存该原始凭证的单位开出原始凭证分割单，交另一单位做凭证。

(3) 记账凭证的编号。无论采用哪种编号方法，都应该按月顺序编号，即每月都从1号编起，顺序编至月末。一笔业务编制两张以上记账凭证的可采用分数编号，如1/3、2/3、3/3。

(4) 记账凭证发生错误，应当重新填制。如已登记入账，可以用红字注销法进行更正。

(5) 凭证填制完毕如有空行，应当划线注销。

(6) 分录应保证借贷平衡。

(7) 应与原始凭证内容一致，表述要简短精练。

(8) 实行会计电算化的单位，其机制记账凭证应当符合对记账凭证的要求。

2.2 记账凭证填制示例

1. 专用记账凭证的填制。

(1) 收款凭证的填制。

收款凭证是根据现金、银行存款增加的经济业务填制的。填制收款凭证的要求是：

① 由出纳人员根据审核无误的原始凭证填制，必须是先收款，后填凭证。

② 在凭证左上方的“借方科目”处填写“现金”或“银行存款”。

③ 填写日期(实际收款的日期)和凭证编号。凭证编号要按本月收款业务顺序编号，还要按本月发生经济业务的顺序编号。

④ 凭证内填写经济业务的摘要。

⑤ 在凭证内“贷方科目”栏填写与“现金”或“银行存款”对应的贷方科目。

⑥ 在“金额”栏填写金额。

⑦ 在凭证的右侧填写所附原始凭证的张数。

⑧ 在凭证的下方由相关责任人签字、盖章。

例题 1　华月股份有限公司 2023 年 4 月 5 日发生下面业务，见图 2-1，这是本月第 3 笔收款业务，同时也是本月第 9 笔业务。附件 1 张(原始凭证)。制单：李江；出纳：王鸥；会计主管：李丽。

借款借据

单位编号： 78229166　　　2023 年 04 月 05 日　　　合同编号 88961509

<table>
<tr><td colspan="2">借款单位名称</td><td>华月股份有限公司</td><td>存款账户</td><td colspan="4">41652038966334</td><td colspan="2">贷 款 账 户</td><td colspan="4">32276714568508</td></tr>
<tr><td colspan="2" rowspan="2">借款金额</td><td colspan="2" rowspan="2">人民币（大写）壹拾捌万元整</td><td>仟</td><td>十</td><td>万</td><td>仟</td><td>百</td><td>十</td><td>元</td><td>角</td><td>分</td></tr>
<tr><td>¥</td><td>1</td><td>8</td><td>0</td><td>0</td><td>0</td><td>0</td><td>0</td><td>0</td></tr>
<tr><td rowspan="2">种类</td><td rowspan="2">生产周转借款</td><td>单位提出期限</td><td colspan="6">自 2023 年 04 月 05 日至 2023 年 12 月 05 日止</td><td rowspan="2">利率</td><td colspan="3">年利率</td></tr>
<tr><td>银行核定期限</td><td colspan="6">自 2023 年 04 月 05 日至 2023 年 12 月 05 日止</td><td colspan="3">6%</td></tr>
<tr><td colspan="4">上列款项已收入你单位往来户内
此致　　　（银行签章）
中国建设银行保定市竞秀区支行
中国建设银行保定市竞秀区支行 2023.04.05 转讫</td><td colspan="10">备注：每季度末付息，到期还本。</td></tr>
</table>

图 2-1　借款借据

这是一笔 4 月 5 日从银行取得为期 8 个月、年利率 6%用于流动资金周转 180 000 元的业务，属于短期借款。应填制收款凭证，见图 2-2。

收 款 凭 证

总字第9号

借：银行存款　　2023年04月05日　　收字第3号

摘 要	会计科目		贷方金额									记账（签章）
	总账科目	明细科目	百	十	万	千	百	十	元	角	分	
借入款项	短期借款			1	8	0	0	0	0	0	0	
合 计			¥	1	8	0	0	0	0	0	0	

附件1张

会计主管 李丽　　出纳 王鸥　　审核 李丽　　制单 李江

图 2-2　收款凭证填制

（2）付款凭证的填制。

付款凭证是根据现金、银行存款减少的经济业务填制的。填制付款凭证的要求是：

① 由出纳人员根据审核无误的原始凭证填制，程序是先付款，后填凭证。

② 在凭证左上方的“贷方科目”处填写“现金”或“银行存款”。

③ 填写日期（实际付款的日期）和凭证编号。凭证编号要按本月收款业务顺序编号，还要按本月发生经济业务的顺序编号。

④ 在凭证内填写经济业务的摘要。

⑤ 在“金额”栏填写金额。

⑥ 在凭证的右侧填写所附原始凭证的张数。

⑦ 在凭证的下方由相关责任人签字、盖章。

例题 2　2023 年 4 月 11 日，华月股份有限公司发生下面业务，见图 2-3～图 2-5，这是本月第 5 笔付款业务，同时也是本月第 15 笔业务。附件 3 张。制单：李江；出纳：王鸥；会计主管：李丽。

电子发票（增值税专用发票）

国家税务总局 河北省税务局

发票号码：2311C030500000045938

开票日期：2023 年 04 月 11 日

购买方信息	名称：华月股份有限公司 纳税人识别号：120123885678924673	销售方信息	名称：天马股份有限公司 纳税人识别号：130637296365478301

项目名称	规格型号	单位	数量	单价	金额	税率/征收率	税额
*洗涤剂 *甲材料		千克	1500	84.00	126000.00	13%	16380.00
*洗涤剂 *乙材料		千克	1430	72.00	102960.00	13%	13384.80
合计					¥228960.00		¥29764.80

价税合计（大写）	**⊗贰拾伍万捌仟柒佰贰拾肆元捌角整**	**（小写）¥ 258724.80**

备注：

开票人：刘友

图 2-3　增值税发票

收 料 单

供应单位：天马股份有限公司　　2023年04月11日　　编号 SL5250

材料编号	名 称	单 位	规 格	数 量		实际成本			
				应 收	实收	单 价	发票价格	运杂费	总价
01	甲材料	千克		1 500	1 500				
02	乙材料	千克		1 430	1 430				
备注：									

第二联记账联

收料人：钱华　　交料人：杨彦芳

图 2-4　收料单

中国建设银行
转账支票存根
10501828
00009540

附加信息　付款行账号：

41652038966334

出票日期 2023 年 04 月 11 日

收款人：天马股份有限公司	
金　额：¥258 724.80	
用　途：支付材料款	

单位主管　会计

图 2-5　转账支票存根

这三张原始凭证结合在一起反映 4 月 11 日，向天马股份有限公司购进甲、乙材料，价税共计 258 724. 80 元；材料已入库，并开出转账支票支付货款。应填制付款凭证。见图 2-6。

付 款 凭 证

总字第15号

贷：银行存款　　2023年04月11日　　付字第5号

摘 要	会 计 科 目		借 方 金 额									记账（签章）
	总账科目	明细科目	百	十	万	千	百	十	元	角	分	
购入材料	原材料	甲材料		1	2	6	0	0	0	0	0	
购入材料	原材料	乙材料		1	0	2	9	6	0	0	0	
购入材料	应交税费	应交增值税（进项税额）			2	9	7	6	4	8	0	
合　计			¥	2	5	8	7	2	4	8	0	

附件 3 张

会计主管 李丽　　出纳 王鸥　　审核 李丽　　制单 李江

图 2-6　付款凭证填制

（3）转账凭证的填制。

转账凭证是根据与现金、银行存款无关的经济业务填制的。填制转账凭证的要求是：

① 由会计人员根据审核无误的原始凭证填制。

② 填写日期（一般情况下按收到原始凭证的日期填写；如果某类原始凭证有几份，涉及不同日期，可以按填制转账凭证的日期填写）和凭证编号。凭证编号要按本月收款业务的顺序编号，还要按本月发生经济业务的顺序编号。

③ 在凭证内填写经济业务的摘要。

④ 在凭证内填写经济业务涉及的全部会计科目，顺序是先借后贷。

⑤ 在“金额”栏填写金额。

⑥ 在凭证的右侧填写所附原始凭证的张数。

⑦ 在凭证的下方由相关责任人签字、盖章。

例题 3　2023 年 4 月 20 日，华月股份有限公司发生下面业务，见图 2-7。这是本月第 9 笔转账业务，同时也是本月第 20 笔业务。附件 1 张。制单：李江；出纳：王鸥；会计主管：李丽。

电子发票（增值税专用发票）

国家税务总局 河北省税务局

发票号码：23317000000000000141

开票日期：2023 年 04 月 20 日

购买方信息	名称：利德有限责任公司 纳税人识别号：911123698256478935	销售方信息	名称：华月股份有限公司 纳税人识别号：120123885678924673

项目名称	规格型号	单位	数量	单价	金额	税率/征收率	税额
*洗手液*丙		件	2800	250.00	700000.00	13%	91000.00
合计					¥700000.00		¥91000.00
价税合计（大写）	**⊗柒拾玖万壹仟元整**					**（小写）¥791000.00**	
备注：							

开票人：周达国

图 2-7　增值税发票

这张原始凭证反映 4 月 20 日，华月股份有限公司向利德股份有限公司销售丙产品 2 800件，含税单价 282.5 元，价税共计 791 000 元，没有收到对方结算凭证，意味着未收到对方款项，形成应收账款，此时，应填制转账凭证，见图 2-8。

2. 通用记账凭证的填制

通用记账凭证的名称为“记账凭证”。它集收款、付款和转账凭证于一身，通用于收款、付款和转账等各种类型的经济业务。其填制方法与转账凭证相同。

转 账 凭 证

总字第20号

2023年04月20日　　　　转字第09号

摘要	会计科目		借方金额									贷方金额									记账（签章）
	总账科目	明细科目	百	十	万	千	百	十	元	角	分	百	十	万	千	百	十	元	角	分	
销售产品	应收账款	利德公司		7	9	1	0	0	0	0	0										
销售产品	主营业务收入	丙											7	0	0	0	0	0	0	0	
销售产品	应交税费	应交增值税（销项税额）												9	1	0	0	0	0	0	
合计			¥	7	9	1	0	0	0	0	0	¥	7	9	1	0	0	0	0	0	

附件1张

会计主管 李丽　　出纳 王鸥　　审核 李丽　　制单 李江

图2-8　转账凭证

2.3 本章实训：记账凭证的填制实训

1. 实训目的

通过实训使学生在理解原始凭证的基础上掌握记账凭证的填制方法。

2. 实训资料

华月股份有限公司2023年5月1~31日发生的部分经济业务及有关的原始凭证如下。

【实训资料1】见图2-9、图2-10。

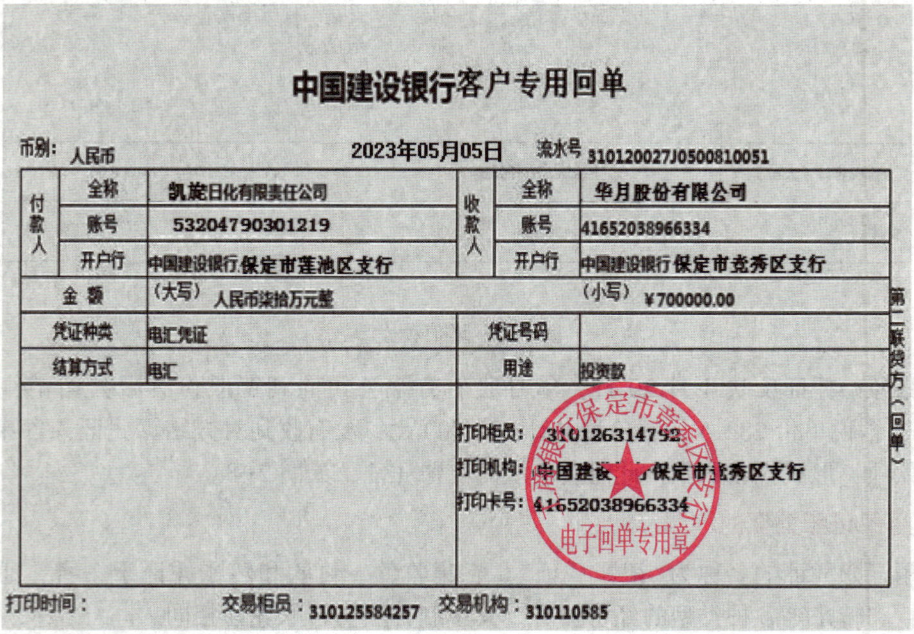

中国建设银行客户专用回单

币别：人民币　　2023年05月05日　　流水号 310120027J0500810051

付款人	全称	凯旋日化有限责任公司	收款人	全称	华月股份有限公司
	账号	53204790301219		账号	41652038966334
	开户行	中国建设银行保定市莲池区支行		开户行	中国建设银行保定市竞秀区支行
金额		（大写）人民币柒拾万元整		（小写）	¥700000.00
凭证种类		电汇凭证	凭证号码		
结算方式		电汇	用途		投资款

打印柜员：310126314752
打印机构：中国建设银行保定市竞秀区支行
打印卡号：41652038966334

中国建设银行保定市竞秀区支行 电子回单专用章

第二联贷方（回单）

打印时间：　　交易柜员：310125584257　　交易机构：310110585

图2-9

股东会决议（增资）

全体股东决议，现将公司注册资本由 4000000 元增至 4600000 元，一致通过决议如下：

1. 增资股东出资情况					
股东名称	认缴注册资本	认缴比例	实际出资额	出资到位日期	出资方式
凯旋日化有限责任公司	600000.00	13.04%	700000.00	2023-05-05	货币资金

2. 增资后各股东出资比例				
股东名称	实际出资情况			
	变更前		变更后	
	金额	所占份额	金额	所占份额
博奥日化有限责任公司	1000000.00	25%	1000000.00	21.74%
信诚日化有限责任公司	3000000.00	75%	3000000.00	65.22%
凯旋日化有限责任公司			600000.00	13.04%
股东代表签字：宋胜　苏国旺　杨继德				

华月股份有限公司

图 2-10

【实训资料 2】见图 2-11～图 2-15。

电子发票（增值税专用发票）

全国统一发票监制章 国家税务总局 河北省税务局

发票号码：23300000000000000141

开票日期：2023 年 05 月 08 日

购买方信息	名称：华月股份有限公司 纳税人识别号：120123885678924673	销售方信息	名称：大德机械制造设备有限责任公司 纳税人识别号：51120606108569832

项目名称：	规格型号	单位	数量	单价	金额	税率/征收率	税额
*生产设备*机器 B		台	1	70000.00	70000.00	13%	9100.00
合计					¥70000.00..		¥9100.00
价税合计（大写）	**⊗柒万玖仟壹佰元整**				**（小写）¥79100.00**		
备注：							

开票人：焦胜贵

图 2-11

中国建设银行

转账支票存根

10501828

00009543

附加信息　　付款行账号：

41652038966334

出票日期 2023 年 05 月 08 日

收款人：	大德机械制造设备有限公司
金　额：	¥79 100.00
用　途：	支付设备款

单位主管　　会计

图 2-12

电子发票（增值税专用发票）　　**发票号码：23311C00000000052191**

国家税务总局
河北省税务局

开票日期：2023 年 05 月 08 日

购买方信息	名称：华月股份有限公司 纳税人识别号：120123885678924673	销售方信息	名称：河北顺丰物流有限公司 纳税人识别号：130637530210346233

项目名称：	规格型号	单位	数量	单价	金额	税率/征收率	税额
*运输服务*运输费		次	1	1800.00	1800.00	9%	162.00
合计					¥1800.00..		¥ 162.00

价税合计（大写）	**⊗壹仟玖佰陆拾贰元整**	**（小写）　¥1962.00**

备注：

开票人：刘海峰

图 2-13

中国建设银行
转账支票存根
10501828
00009544

附加信息　　付款行账号：

41652038966334

出票日期 2023 年 05 月 08 日

收款人：	河北顺丰物流有限公司
金　额：	¥1 962.00
用　途：	支付设备采购运费

单位主管　　　会计

图 2-14

新增固定资产登记表

2023年5月8日

资产名称	种类	单位	数量	购入日期	投入使用日期	使用部门
机器B	生产设备	台	1	2023-5-8	2023-5-8	生产车间
制表人：	李江				审核人：	李丽

图 2-15

【实训资料 3】见图 2-16。

保定市商业零售企业统一发票

购货单位：华月股份有限公司　　　2023年05月10日　　　No 236548

品 名	规格	单位	数量	单价	金额 十	万	千	百	十	元	角	分
油墨		箱	2	300				6	0	0	0	0
合计金额（大写）人民币陆佰元整							¥	6	0	0	0	0

第二联 发票联

单位盖章：　　　收款人：刘艳　　　制票人：王欣

图 2-16

【**实训资料 4**】见图 2-17、图 2-18。实际成本计价。

电子发票（增值税专用发票）

发票号码：23110030500000052000

开票日期：2023 年 05 月 15 日

购买方信息	名称：华月股份有限公司 纳税人识别号：120123885678924673	销售方信息	名称：天马股份有限公司 纳税人识别号：130637296365478301

项目名称：	规格型号	单位	数量	单价	金额	税率/征收率	税额
*洗涤剂*甲材料		千克	890	84.00	74760.00	13%	9718.80
合计					¥74760.00..		¥9718.80

价税合计（大写）	⊗捌万肆仟肆佰柒拾捌元捌角整	（小写）	¥84478.80
备注：			

开票人：刘友

图 2-17

银行承兑汇票 3

出票日期（大写） 贰零贰叁年伍月壹拾伍日

出票人全称	华月股份有限公司	收款人	全　称	天马股份有限公司
出票人账号	41652038966334	收款人	账　号	52868618724513
付款行全称	中国建设银行保定市竞秀区支行	收款人	开户银行	中国建设银行保定市博野县支行

出票金额		亿	千	百	十	万	千	百	十	元	角	分
出票金额	人民币（大写）**捌万肆仟肆佰柒拾捌元捌角整**				¥	8	4	4	7	8	8	0

汇票到期日	贰零贰叁年捌月壹拾伍日	付款行	行号	105201613377445
承兑协议编号	44272023	付款行	地址	保定市竞秀区朝阳路 150 号
请你行承兑，到期无条件付款 出票人签章 华月股份有限公司 财务专用章 达苏印锦		本汇票已经承兑，到期日内本行付款 承兑行签章 承兑日期　　年　月　日		/ 年　月　日 复核　　记账

图 2-18

【**实训资料 5**】见图 2-19～图 2-21，用实际成本计价。

电子发票（增值税专用发票）　　发票号码：23300030500000000452

开票日期：2023 年 05 月 18 日

购买方信息	名称：华月股份有限公司 纳税人识别号：120123885678924673	销售方信息	名称：英格丽欧日化有限责任公司 纳税人识别号：911230478942567909

项目名称：	规格型号	单位	数量	单价	金额	税率/征收率	税额
*洗涤剂*乙材料		千克	–520	72.00	–37440.00	13%	–4867.20
合计					¥-37440.00.		¥-4867.20
价税合计（大写）	⊗肆万贰仟叁佰零柒元贰角整					（小写））¥-42307. 20	
备注：							

开票人：王英梅

图 2-19

领 料 单

领料部门：采购部门

用　途：采购退货　　　　2023年05月18日　　　　编号 LL2996

材料编号	名 称	规 格	计量单位	请领数量	实发数量	备注
02	乙材料		千克	520	520	以前月份购入本月退货

第三联记账联

领料人：王明　　　　发料人：钱华

图 2-20

中国建设银行客户专用回单

币别：人民币　　2023年05 月18 日　　流水号 310120027J0500810001

付款人	全称	英格丽欧日化有限责任公司	收款人	全称	华月股份有限公司
	账号	41405290956275		账号	41652038966334
	开户行	中国建设银行南京市玄武区支行		开户行	中国建设银行保定市竞秀区支行
金 额		（大写） 人民币肆万贰仟叁佰零柒元贰角整		（小写）	¥42307.20
凭证种类		网银	凭证号码		
结算方式		转账	用途		货款
			打印柜员：310125584253 打印机构：中国建设银行保定市竞秀区支行 打印卡号：41652038966334		

第二联贷方（回单）

打印时间：　　交易柜员：310125584268　　交易机构：310110386

图 2-21

【**实训资料 6**】见图 2-22、图 2-23。

电子发票（增值税专用发票）

发票号码：23317000000000000150

开票日期：2023 年 05 月 20 日

购买方信息	名称：华月股份有限公司 纳税人识别号：120123885678924673	销售方信息	名称：北京捷顺日化有限公司 纳税人识别号：911101029805710294

项目名称：	规格型号	单位	数量	单价	金额	税率/征收率	税额
*洗涤剂*丙产品		件	2600	250.00	650000.00	13%	84500.00
合计					¥650000.00		¥84500.00
价税合计（大写）	⊗柒拾叁万肆仟伍佰元整						（小写）¥734500. 00
备注：							

开票人：周达国

图 2-22

银行承兑汇票 2 73096422

出票日期（大写） 贰零贰叁年伍月零贰拾日

出票人全称	华月股份有限公司	收款人	全　称	北京捷顺日化有限公司
出票人账号	41652038966334		账　号	41728377140656
付款行全称	中国建设银行保定市竞秀区支行		开户银行	中国建设银行北京市西城区支行

出票金额	人民币（大写）柒拾叁万肆仟伍佰元整	亿	千	百	十	万	千	百	十	元	角	分
				¥	7	3	4	5	0	0	0	0

汇票到期日	贰零贰叁年捌月零贰拾日	付款行	行号	10544702138966
承兑协议编号	89030489		地址	北京市西城区周建街闫浩路 35 号
请你行承兑，到期无条件付款 出票人签章 邱爱 捷顺日化有限公司 财务专用章		本汇票已经承兑，到期日内本行付款 承兑行签章 承兑日期　　年　月　日		科　目（借）______ 对方科目（贷）______ 转账　年　月　日 复核　　记账

图 2-23

【**实训资料 7**】见图 2-24~图 2-26。

【**实训资料 8**】见图 2-27。

【**实训资料 9**】见图 2-28~图 2-31。

【**实训资料 10**】见图 2-32、图 2-33。

电子发票（增值税专用发票）		发票号码：23300000000000000520 开票日期：2023 年 05 月 21 日
购买方信息	名称：华月股份有限公司 纳税人识别号：120123885678924673	销售方信息 名称：通达维修服务有限公司 纳税人识别号：911306300436907104

项目名称：	规格型号	单位	数量	单价	金额	税率/征收率	税额
*劳务*维修费		次	1	5000.00	5000.00	13%	650.00
合计					¥5000.00		¥650.00

价税合计（大写）)	⊗伍仟陆佰伍拾元整	（小写） ¥5650.00
备注：		

开票人：卢军

图 2-24

中国建设银行
转账支票存根
10501828
00009546
附加信息　付款行账号：

41652038966334

出票日期 2023 年 05 月 21 日

收款人：	通达维修服务有限公司
金　额：	¥5 650.00
用　途：	支付维修费

单位主管　会计

图 2-25

维修费用分配表

2023-05-21　　单位：元

部门	金额
生产车间	5 000.00

制表：李江　　审核：李丽

图 2-26

借款单					
2023年05月21日					
借款人	王凤	部门	销售	职务	推销员
借款事由	开商品展览会				
借款金额	人民币（大写）叁仟元整				¥3 000.00
出纳	王鸥		经手	王凤	
备注：现金付讫					

图 2-27

电子发票（增值税专用发票）

发票号码：23317000000000000151

开票日期：2023 年 05 月 22 日

购买方信息	名称：北京浩裕日化有限责任有限责任公司 纳税人识别号：911101017601730413	销售方信息	名称：华月股份有限公司 纳税人识别号：120123885678924673

项目名称：	规格型号	单位	数量	单价	金额	税率/征收率	税额
*洗手液*丙产品		千克	1600	84.00	134400.00	13%	17472.00
*洗手液*丁产品		千克	1700	72.00	122400.00	13%	15912.00
合计					¥256800.00		¥33384.00
价税合计（大写）	⊗贰拾玖万零壹佰捌拾肆元整					（小写）	¥290184.00
备注：							

开票人：周达国

图 2-28

铁路局运杂费专用发票

北京铁路局

运输号码 69874　　　　No 125698

发站	保定		到站	北京	车种车号				货物自重	
集装箱型			运到期限		保价金额				运价里程	
收货人	全称	北京浩格日化有限责任公司		发货人	全称	华月股份有限公司			现付费用	
	地址	东城区何兰街陈义路68号			地址	保定市竞秀区45号			项目	金额
货物名称	件数		货物重量	计费重量	运价号	运价率	附记		运费	2 000.00
丙产品			1 600千克						保险费	300.00
丁产品			1 700千克							
发货人声明事项										
铁路声明事项									合计	2 300.00

第二联 报销凭证

图 2-29

中国建设银行 转账支票存根 **10501828** **00009547**
附加信息　　付款行账号：
41652038966334
出票日期 2023 年 05 月 22 日
收款人：北京路通运输公司
金　额：¥2 300.00
用　途：支付代垫运输费
单位主管　　会计

图 2-30

托收承付凭证（回单）

委托日期：2023 年 05 月 22 日　　　　No 264321

收款人	全　称	华月股份有限公司	付款人	全　称	北京浩格日化有限责任公司
	账　号	41652038966334		账　号	41138618724513
	开户银行	中国建设银行保定市竞秀区支行		开户银行	中国建设银行北京市东城区支行

委托收款金额	人民币（大写）贰拾玖万贰仟肆佰捌拾肆元整	百	十	万	千	百	十	元	角	分
		¥	2	9	2	4	8	4	0	0

附寄单据	3	商品发运情况	铁路托运	合同号码	32564
备注：办妥委托手续	款项收托日期 年　月　日		开户银行盖章 2023 年 5 月 22 日		

中国建设银行保定市竞秀区支行
2023.05.22
业务受理

图 2-31

中国建设银行 转账支票存根 **10501828** **00009548**
附加信息　　付款行账号：
41652038966334
出票日期 2023 年 05 月 23 日
收款人：中国人保保定分公司
金　额：¥3 000.00
用　途：预付下半年车辆保险费
单位主管　　会计

图 2-32

中国人民保险公司收款收据

2023年05月23日　　　　　　　　　　　　No.23408

今收到：华月股份有限公司	
交　来：轿车下半年的保险费(2023年7月到12月)	
人民币（大写）叁仟元整	¥3 000.00
备注：	

保定分公司(盖章)　　　　收款人：陈冬　　　　经办人：高慧

图 2-33

【实训资料 11】见图 2-34。

借款借据（入账通知）

单位编号：3658　　　　日期：2023年05月23日　　　　No 654789

收款单位	名称	华月股份有限公司	付款单位	名称	中国建设银行保定市竞秀区支行
	结算户账号	62831609556539		贷款户账号	625775360401691
	开户银行	中国建设银行保定市竞秀区支行		开户银行	

		百	十	万	千	百	十	元	角	分
借款金额	人民币（大写）伍拾万元整	¥	5	0	0	0	0	0	0	0

借款原因及用途	购材料	利率	10%
借款期限			你单位上列借款，已转入你单位结算户内。借款到期时由我行按期自你单位结算账户转还。 此致 (银行盖章) 2023年5月23日
期限	计划还款日期	计划还款金额	
半年	2023年11月23日	500 000.00	

此联由银行退借款单位作入账通知

图 2-34

【实训资料 12】见图 2-35。

中国工商银行进账单（收账通知）

2023年05月24日　　　　第 14 号

收款人	全称	华月股份有限公司	付款人	全称	宏大股份有限公司
	账号	41652038966334		账号	69874512100049
	开户银行	中国建设银行保定市竞秀区支行		开户银行	中国工商银行保定市满城区支行

	千	百	十	万	千	百	十	元	角	分
人民币（大写）伍万陆仟元整			¥	5	6	0	0	0	0	0

票据种类	转账支票	收款人开户银行盖章
票据张数	1张	
单位主管　会计　复核　记账		

此联是银行交给收款人的回单

图 2-35

【**实训资料 13**】见图 2-36。

托收承付凭证（收账通知）

委托日期：　　2023 年 5 月 22 日　　No 264321

收款人	全　称	华月股份有限公司	付款人	全　称	北京浩格日化有限责任公司
	账　号	41652038966334		账　号	41138618724513
	开户银行	中国建设银行保定市竞秀区支行		开户银行	中国工商银行北京市东城区支行
委托收款金额	人民币（大写）贰拾玖万贰仟肆佰捌拾肆元整			百 十 万 千 百 十 元 角 分	¥ 2 9 2 4 8 4 0 0
附寄单据	3	商品发运情况	铁路托运	合同号码	32564
备注：款项已打入贵公司账户中	款项收托日期　2023 年 05 月 22 日		开户银行盖章　2023 年 05 月 22 日		

中国建设银行保定市竞秀区支行　2023.05.22　转讫

中国建设银行保定市竞秀区支行　2023.05.22.　业务受理

此联是银行给收款人的入账通知

图 2-36

【**实训资料 14**】见图 2-37。

中国工商银行电汇凭证（回单）

2023年05月25日

付款人	全称	华月股份有限公司			收款人	全称	大发钢铁有限公司		
	账号	41652038966334				账号	67894563200127		
	汇出地点	保定市	汇出行名称	中国建设银行保定市竞秀区支行		汇入地点	邯郸市	汇入行名称	中国工商银行邯郸市丛台区支行
汇入金额	人民币（大写）柒万元整						千 百 十 万 千 百 十 元 角 分	¥ 7 0 0 0 0 0 0	
汇款用途	前欠货款						汇出银行盖章　2023年05月25日		

中国建设银行保定市竞秀区支行　2023.05.25　转讫

此联是银行交给收款人的回单

图 2-37

【**实训资料 15**】见图 2-38。

收　　据

2023年05月25日

今收到　林红

交 来　出院借款

人民币（大写）壹仟元整　　（小写）¥1 000.00

收款单位（公章）　华月股份有限公司　财务专用章　　收款人　王鸥　现金收讫

图 2-38

【实训资料 16】见图 2-39。

保定市工业企业统一发票　　　　No 236548

购货单位：兴业收购站　　　　2023年05月26日

品名	规格	单位	数量	站单价	金额							
					十	万	千	百	十	元	角	分
废旧线材	8mm	公斤	100	8				8	0	0	0	0
合计金额（大写）人民币捌佰元整							¥	8	0	0	0	0

第二联 记账联

现金收讫

股份有限公司 财务专用章

单位盖章：　　　　收款人：王鸥　　　　制票人：李江

图 2-39

【实训资料 17】见图 2-40。

工资分配表						
						2023-5-30
项目	项目明细	直接计入	分配计入			合计
			生产工时	分配率	分配金额	
管理费用		54 100				54 100
销售费用		12 900				12 900
制造费用		7 200				7 200
生产成本	丙		5 500	2.517 6	13 846.8	13 846.8
生产成本	丁		3 000	2.517 6	7 553.2	7 553.2
合计		74 200	8 500		21 400	95 600
	制表:	李江			审核:	李丽

图 2-40

【实训资料 18】见图 2-41。

五险计算表							
							2023-5-30
项目	项目明细	医疗保险	养老保险	失业保险	生育保险	工伤保险	五险合计
管理费用		5 139.5	8 656	270.5	541	378.7	14 985.7
销售费用		1 225.5	2 064	64.5	129	90.3	3 573.3
制造费用		684	1 152	36	72	50.4	1 994.4
生产成本	丙	1 315.6	2 215.4	69.3	138.6	96.8	3 835.7
生产成本	丁	717.4	1 208.6	37.7	75.4	53	2 092.1
合计		9 082	15 296	478	956	669.2	26 481.2
	制表:	李江			审核:	李丽	

图 2-41

【实训资料 19】见图 2-42。

住房公积金计算表		
2023-5-30		
项目	项目明细	住房公积金
管理费用		3 153
销售费用		774
制造费用		432
生产成本	丙	831.05
生产成本	丁	452.95
合计		5 643
	制表：李江	审核：李丽

图 2-42

【实训资料 20】见图 2-43、图 2-44。

电子发票（增值税专用发票）

发票号码：23110000000000022032

开票日期：2023 年 05 月 30 日

购买方信息	名称：华月股份有限公司 纳税人识别号：120123885678924673	销售方信息	名称：河北电力股份有限责任公司 纳税人识别号：131120003600790385

项目名称：	规格型号	单位	数量	单价	金额	税率/征收率	税额
*供电*售电		度	1320	2.00	2640.00	13%	343. 20
合计					¥2640.00		¥343. 20
价税合计（大写）	⊗贰仟玖佰捌拾叁元贰角整					（小写）	¥2983. 20
备注：							

图 2-43

电力分配表

2023年5月30日　　单位：元

部门	用电量	分配率	分配金额
厂部	200	1.2	240.00
采购部	100	1.2	120.00
财务部	200	1.2	240.00
仓储部	300	1.2	360.00
销售部	150	1.	180.00
生产车间	1 250	1.2	1 500.00
合计	2 200		2 640.00

审核：李丽　　制表：李江

图 2-44

【**实训资料 21**】见图 2-45。

材料发出汇总表							
							2023-5-30
领用部门	领料用途	产品	甲材料		乙材料		合计
			数量	金额	数量	金额	
生产车间	生产产品直接领用	丙	2 250	189 000	1 320	95 040	284 040
生产车间	生产产品直接领用	丁	1 850	155 400	1 670	120 240	275 640
合计			4 100	344 400	2 990	215 280	559 680
制表:	李江					审核:	李丽

图 2-45

【**实训资料 22**】见图 2-46。

预提费用计算表

2023年5月30日　　　　单位：元

项目	金额	利率（年）	借款日期	还款日期	本月银行借款利息
短期借款	500 000.00	10%	2023年5月23日	2023年11月23日	500 000×10%÷360×（31-23）=1 111.11
合计					1 111.11

审核：李丽　　　　制单：李江

图 2-46

【**实训资料 23**】见图 2-47。

待摊费用分配表

2023年05月31日　　　　单位：元

项目 车间、部门	财产保险费	报刊杂志费	合计
生产车间	600.00	100.00	700.00
厂部管理部门	200.00	300.00	500.00
合计	800.00	400.00	1 200.00

审核：李丽　　　　制单：李江

图 2-47

【**实训资料 24**】见图 2-48。

固定资产折旧计算表

2023年5月31日

应借科目	使用部门	月初固定资产原值	月折旧率%	月折旧额
制造费用	车间	155 850.00	5%	7 792.50
管理费用	厂部	103 900.00	3%	3 117.00
销售费用	销售部门	100 000.00	4%	4 000.00
	合计			14 909.50

审核：李丽　　　　制单：李江

图 2-48

【**实训资料 25**】见图 2-49。

财产清查报告单

2023年5月31日

财产名称	单位	单价	账面数量	实存数量	盘盈		盘亏		盘亏原因
					数量	金额	数量	金额	
甲材料	公斤	80.00	100	98			2	160.00	管理不善
合计			100	98			2	160.00	
处理意见	审批部门				清查小组			使用保管部门	
					财产清查小组			原材料库	

主管：　　审批：　　保管使用：钱华　　制表：李江

图 2-49

【**实训资料 26**】见图 2-50。

制造费用分配表

2023年5月31日

分配对象	分配标准（生产工人工资）	分配率	分配金额
丙产品	5 500	5.390 4	29 647.2
丁产品	3 000	5.390 4	16 171.35
	8 500		45 818.55

审核：李丽　　制表：李江

图 2-50

【**实训资料 27**】见图 2-51。

完工产品成本计算单

2023年5月31日　　单位：元

成本项目	丙产品（4 800件）		丁产品（5 500件）	
	总成 本	单位成本	总成本	单位成本
直接材料	480 000.00	100.00	550 000.00	100.00
直接人工	96 000.00	20.00	126 500.00	23.00
制造费用	24 000.00	5.00	11 000.00	2.00
合计	600 000.00	125.00	687 500.00	125.00

审核：李丽　　制表：李江

图 2-51

【**实训资料 28**】见图 2-52。

产品销售出库单（先进先出法）

收货单位　　2023年5月31日　　单位：元

产品名称	计量单位	数量	单价	金额
丙产品	件	4 200	128.00	537 600.00
丁产品	件	1 700	130.00	221 000.00
合计				758 600.00

审核：李丽　　制单人：李江

图 2-52

3. 实训要求

(1) 根据原始凭证理解相关业务。

(2) 根据原始凭证填制记账凭证(假设该企业采用收、付、转三种凭证)。

(3) 将填制的记账凭证及所附的原始凭证装订成册。

4. 实训时间

(1) 在填制凭证前，指导老师应向学生强调记账凭证的填制要求。

(2) 实验需要收款凭证，付款凭证，转账凭证。

(3) 实验时间大约需要 4 个学时。

3.1 知识准备一 账簿的启用

启用会计账簿时，应当在账簿的有关位置记录以下相关信息：

（1）账簿的封面。除订本账不另设封面以外，各种活页账都应设置封面和封底，并登记单位名称、账簿名称和所属会计年度。

（2）登记账簿启用及经管人员一览表。在启用新会计账簿时，应首先填写在扉页上印制的“账簿启用及交接表”中的启用说明，其中包括单位名称、账簿名称、账簿编号、起止日期、单位负责人、主管会计、审计人员和记账人员等项目，并加盖单位公章。在会计人员发生变更时，应办理交接手续并填写“账簿启用及交接表”中的交接说明。详见图 3-1。

单位名称	华月股份有限公司	粘贴印花税处
账簿名称	总分类账（第1册）	
账簿编号	202301	
账簿页数	100	
启用时间	二零贰叁年一月一日	

经管人员	单位主管		财务主管		出纳		会计	
	姓名	盖章	姓名	盖章	姓名	盖章	姓名	盖章
	苏锦达	苏锦达	李丽	李丽	王鸥	王鸥	李江	李江

交接记录	经管人员		接管人员				交出			
	职别	姓名	年	月	日	盖章	年	月	日	盖章
公章	华月股份有限公司									

图 3-1 账簿启用及账户目录填写示例

（3）填写账户目录。总账应按照会计科目的编号顺序填写科目名称及启用页码。在启用活页式明细分类账时，应按照所属会计科目填写科目名称和页码，在年度结账后，撤去空白账页，填写使用页码。详见图 3-2。

编号	科目名称	起讫页码	编号	科目名称	起讫页码
1001	库存现金	1–2	2232	应付利息	41–42
1002	银行存款	3–4	2241	其他应付款	43–44
1121	应收票据	5–6	2601	长期借款	45–46
1122	应收账款	7–8	4001	实收资本	47–48
1123	预付账款	9–10	4002	资本公积	49–50
1231	其他应收款	11–12	4101	盈余公积	51–52
1401	材料采购	13–14	4103	本年利润	53–54
1403	原材料	15–16	4104	利润分配	55–56
1406	库存商品	17–18	5001	生产成本	57–58
1601	固定资产	19–20	5101	制造费用	59–60
1602	累计折旧	21–22	6001	主营业务收入	61–62
1801	长期待摊费用	23–24	6002	其他业务收入	63–64
1901	待处理财产损益	25–26	6401	主营业务成本表	65–66
2001	短期借款	27–28	6405	税金及其附加	67–68
2201	应付票据	29–30	5405	其他业务成本	69–70
2202	应付账款	31–32	6601	销售费用	71–72
2205	预收账款	33–34	6602	管理费用	73–74
2211	应付职工薪酬	35–36	6603	财务费用	75–76
2221	应交税费	37–38	6711	营业外支出	77–78
2231	应股股利	39–40	6801	所得税费用	79–80

图 3–2　填写账户目录(总账)

(4) 粘贴印花税票。印花税票应粘贴在账簿的右上角，并且划线注销。在使用缴款书缴纳印花税时，应在右上角注明“印花税已缴”及缴款金额。

粘贴时，营业账簿分为记载资金账簿(主要指总账)和其他营业账簿。凡是记载资金的账簿，主要指按照“实收资本”和“资本公积”的账簿，依照 2023 年最新政策按 0. 25‰的税率贴花，启用资金账簿新账时，按照“实收资本”和“资本公积”增加金额贴花，资金未增加的，不再贴花，贴印花税票，须在账簿首页右上角粘贴，不准粘贴在账夹上。其他营业账簿依照 2023 年最新政策免交印花税。

注意点：账簿启用表(即扉页)内容填写得准确完整，是账簿具有合法性的重要标志，其填写的要求是：

(1) 填写使用账簿的单位全称和会计账簿名称。

(2) 账簿的编号按年度账簿的统一编号填列；年度更换的账簿，启用日期为该年度 1 月 1 日；账簿的页数根据账簿的实际页数填写。

(3) 填写会计主管人员和记账人员姓名并加盖名章以示慎重和负责。

(4) 在印鉴栏内加盖单位公章，加盖的公章名称必须与账簿封面上写明的单位名称一致。

(5) 应缴纳印花税的账簿应将印花税票粘贴在启用表的右上角，并划线予以注销。

注意点：

(1) 会计科目按会计制度的统一编号填列，会计科目应是一级会计科目的全称。

(2) 准确填列会计科目。起讫页次取决于每一科目预留的页数是多少，预留页数取决于该科目的相关业务的多少，不是固定不变的。

3.2 知识准备二　登记账簿的基本要求

依据《会计基础工作规范》第六十条规定(以下简称《规范》)，登记会计账簿的基本要求是：

(1) 准确完整。“登记会计账簿时，应当将会计凭证日期、编号、业务内容摘要、金额和其他有关资料逐项记入账内，做到数字准确、摘要清楚、登记及时、字迹工整。”每一项会计事项，一方面要记入有关的总账，另一方面要记入该总账所属的明细账。账簿记录中的日期，应该填写记账凭证上的日期；以自制的原始凭证，如收料单、领料单等，作为记账依据的，账簿记录中的日期应按有关自制凭证上的日期填列。登记账簿要及时，但对各种账簿的登记间隔应该多长，《规范》未做统一规定。一般说来，这要看本单位所采用的具体会计核算形式而定。

(2) 注明记账符号。“登记完毕后，要在记账凭证上签名或者盖章，并注明已经登账的符号，表示已经记账。”在记账凭证上设有专门的栏目供注明记账的符号，以免发生重记或漏记。

(3) 文字和数字必须整洁清晰，准确无误。在登记书写时，不要滥造简化字，不得使用同音异义字，不得写怪字体；摘要文字紧靠左线；数字要写在金额栏内，不得越格错位、参差不齐；文字、数字字体大小适中，紧靠下线书写，上面要留有适当空距，一般应占格宽的1/2，以备按规定的方法改错。记录金额时，如为没有角分的整数，应分别在角分栏内写上“0”，不得省略不写，或以“—”号代替。阿拉伯数字一般可自左向右适当倾斜，以使账簿记录整齐、清晰。为防止字迹模糊，墨迹未干时不要翻动账页；夏天记账时，可在手臂下垫一块软质布或纸板等书写，以防汗浸。

(4) 正常记账使用蓝黑墨水。“登记账簿要用蓝黑墨水或者碳素墨水书写，不得使用圆珠笔(银行的复写账簿除外)或者铅笔书写。”在会计的记账书写中，数字的颜色是重要的语素之一，它同数字和文字一起传达出会计信息。如同数字和文字错误会表达错误的信息，书写墨水的颜色用错了，其导致的概念混乱也不亚于数字和文字错误。

(5) 特殊记账使用红墨水。下列情况，可以用红色墨水记账：

① 按照红字冲账的记账凭证，冲销错误记录；

② 在不设借贷等栏的多栏式账页中，登记减少数；

③ 在三栏式账户的余额栏前，如未印明余额方向的，在余额栏内登记负数余额；

④ 国家统一会计制度规定可以用红字登记的其他会计记录。

在这几种情况下使用红色墨水记账是会计工作中的惯例。财政部会计司编辑的《会计制度补充规定及问题解答(第一辑)》，在解答“应交税金——应交增值税”明细账户的设置方法时，对使用红色墨水登记的情况做了一系列较为详尽的说明：在“进项税额”专栏中用红字登记退回所购货物应冲销的进项税额；在“已交税金”专栏中用红字登记退回多交的增值税额；在“销项税额”专栏中用红字登记退回销售货物应冲销的销项税额，以及在“出口退税”专栏中用红字登记出口货物办理退税后发生退货或者退关而补交已退的税款。

(6) 顺序连续登记。“各种账簿按页次顺序连续登记，不得跳行、隔页。如果发生跳行、隔页，更不得随便更换账页和撤出账页，作废的账页也要留在账簿中，如果发生跳行、隔页，应当将空行、空页划线注销，或者注明‘此行空白’‘此页空白’字样，并由记账人员签名或者盖章。”这对堵塞在账簿登记中可能出现的漏洞，是十分必要的防范措施。详见图 3-3、图 3-4。

应收账款—东方公司

2023年		凭证		摘要	借方	贷方	借或贷	余额
月	日	种类	号数					
12	1			期初余额			借	120 500
				此行注销	张青			
	6	收	3	收回		70 000	借	50 500

图 3-3　账页有空行时的处理图示

应收账款—北方公司

2023年		凭证		摘要	借方	贷方	借或贷	余额
月	日	种类	号数					
						张青		
					此页注销			

图 3-4　空白账页的处理图示

（7）结出余额。“凡需要结出余额的账户，结出余额后，应当在‘借或贷’等栏内写明‘借’或者‘贷’等字样。没有余额的账户，应当在‘借或贷’等栏内写‘平’字，并在余额栏内用‘0’表示。现金日记账和银行存款日记账必须逐日结出余额。”一般说来，对于没有余额的账户，在余额栏内标注的“0”应当放在“元”位。详见图 3-5。

明　细　账

科目：在途物资—生铁　　　编号（　）　　　2023年度　　　页码：

记账凭单			摘要	借方	贷方	借或贷	余额
月	日	顺序号					
9	10	付2	向上海澳宁公司采购生铁20 000千克	47 000.00		借	47 000.00
	12	转1	向上海澳宁公司采购生铁20 000千克入库		47 000.00	平	Q
			本月合计	47 000.00	47 000.00	平	Q

图 3-5　账户余额为“0”时的处理图示

(8) 过次承前。“每一账页登记完毕结转下页时，应当结出本页合计数及余额，写在本页最后一行和下页第一行有关栏内，并在摘要栏内注明‘过次页’和‘承前页’字样；也可以将本页合计数及金额只写在下页第一行有关栏内，并在摘要栏内注明‘承前页’字样。”也就是说，“过次页”和“承前页”的方法有两种：一是在本页最后一行内结出发生额合计数及余额，然后过次页并在次页第一行承前页；二是只在次页第一行承前页写出发生额合计数及余额，不在上页最后一行结出发生额合计数及余额后过次页。详见图 3-6，图 3-7。

总账

科目：原材料

2023年		凭证	摘要	借方	贷方	借或贷	余额
月	日	顺序号					
2	1					借	5 000
	2	转1	购入	3 000		借	8 000
	10	转3	发出		1 000	借	7 000
	16	转3	发出		1 000	借	6 000
	20	转4	购入	1 000		借	7 000
			过次页	4 000	2 000	借	7 000

图 3-6　账页填满时“过次页”的图示(以第一种方法为例)

总账

科目：原材料

2023年		凭证	摘要	借方	贷方	借或贷	余额
月	日	顺序号					
2	22		承前页	4 000	2 000	借	7 000
	24	转5	购入	3 000		借	10 000
	25	转6	发出		1 000	借	9 000

图 3-7　账页填写时“承前页”的图示(紧接上图)

(9) 登记发生错误时，必须按规定方法更正，严禁刮、擦、挖、补，或使用化学药物清除字迹。发现差错必须根据差错的具体情况采用划线更正、红字更正、补充登记等方法更正。

(10) 定期打印。《规范》第六十一条对实行会计电算化的单位提出了打印上的要求：“实行会计电算化的单位，总账和明细账应当定期打印”；“发生收款和付款业务的，在输入收款凭证和付款凭证的当天必须打印出现金日记账和银行存款日记账，并与库存现金核对无误。”这是因为在以机器或其他磁性介质储存的状态下，各种资料或数据的直观性不强，而且信息处理的过程不明，不便于进行某些会计操作和进行内部或外部审计，对会计信息的安全和完整也不利。

3.3 知识准备三　账簿的选择和账页格式、账簿的登记方法

登记账簿时，要按规定设置以下几种账簿，同时账页格式也不要一样，企业一般根据需要主要设置三种账簿，账页格式和登记方法如下。

1. 日记账：主要指现金日记账和银行存款日记账

（1）现金日记账的格式和登记方法。

① 现金日记账的格式。现金日记账是用来核算和监督库存现金每天的收入、支出和结存情况的账簿，其格式有三栏式和多栏式两种。无论采用三栏式还是多栏式现金日记账，都必须使用订本账。

② 现金日记账的登记方法。现金日记账由出纳人员根据同现金收付有关的记账凭证，按时间顺序逐日逐笔进行登记，并根据“上日余额+本日收入-本日支出=本日余额”的公式，逐日结出现金余额，与库存现金实存数核对，以检查每日现金收付是否有误。

现金日记账的登记方法是：先根据有关现金收入业务的记账凭证登记现金收入日记账；根据有关现金支出业务的记账凭证登记现金支出日记账；每日营业终了，根据现金收入、支出日记账结计的各自合计数，结出当日余额。

（2）银行存款日记账的格式和登记方法。

银行存款日记账是用来核算和监督银行存款每日的收入、支出和结余情况的账簿。详见图 3-8。银行存款日记账应按企业在银行开立的账户和币种分别设置，每个银行账户设置一本日记账。

银行存款日记账的格式和登记方法与现金日记账相同。

银行存款日记账

2023年		凭证		摘要	借方	贷方	借或贷	余额
月	日	种类	号数					
12	1			期初余额			借	1 302 000.00
	5	付	1	向河北金属公司采购生铁、铸铁		243 360.00	借	1 058 640.00
	10	付	2	向上海澳宁公司采购生铁、铸铁		83 070.00	借	975 570.00
	31			本月合计		326 430.00	借	975 570.00
	31			第四季度合计	652 860.00	979 290.00	借	975 570.00
	31			结转下年			借	975 570.00

图 3-8　银行存款日记账的登记图例

2. 明细分类账的格式和登记方法

（1）明细分类账的格式。

明细分类账是根据二级账户或明细账户开设账页，分类、连续地登记经济业务以提供明细核算资料的账簿，其格式有三栏式、多栏式、数量金额式和横线登记式（或称平行式）等多种。

① 三栏式明细分类账。三栏式明细分类账是设有借方、贷方和余额三个栏目，用以

分类核算各项经济业务，提供详细核算资料的账簿，其格式与三栏式总账格式相同，适用于只进行金额核算的账户。

② 多栏式明细分类账。多栏式明细分类账是将属于同一个总账科目的各个明细科目合并在一张账页上进行登记，适用于成本费用类科目的明细核算。

③ 数量金额式明细分类账。数量金额式明细分类账其借方（收入）、贷方（发出）和余额（结存）都分别设有数量、单价和金额三个专栏，适用于既要进行金额核算又要进行数量核算的账户。原材料、库存商品、产成品等明细账通常采用数量金额式账簿。

④ 横线登记式明细分类账。横线登记式明细分类账采用横线登记，即将每一相关的业务登记在一行，从而可依据每一行各个栏目的登记是否齐全来判断该项业务的进展情况。该明细分类账适用于登记材料采购业务、应收票据和一次性备用金业务。

（2）明细分类账的登记方法。

不同类型经济业务的明细分类账可根据管理需要，依据记账凭证、原始凭证或汇总原始凭证逐日逐笔或定期汇总登记。固定资产、债权、债务等明细账应逐日逐笔登记；库存商品、原材料、产成品收发明细账以及收入、费用明细账可以逐笔登记，也可定期汇总登记。

（3）明细分类账的登记图例见图 3-9~图 3-11。

应收账款——东方公司

2023年		凭证		摘要	借方	贷方	借或贷	余额
月	日	种类	号数					
12	1			期初余额			借	120 500
	6	收	3	收回		70 000	借	50 500
	9	转	6	售产品	175 500		借	226 000
	12	转	7	售甲产品	658 125		借	884 125
	20	收	10	收账		658 125	借	226 000
	31			本月合计	833 625	728 125	借	226 000

图 3-9　三栏式明细分类账登记图示：以“应收账款——东方公司”为例

管理费用明细账

2023年		凭证	摘要	借	贷	余额	借方分析					
月	日						办公费	材料费用	工资	折旧		
6	25	付4	购买办公用品	1 000.00			1 000.00					
	30	转2	领料	4 500.00				4 500.00				
	30	转3	工资	5 000.00					5 000.00			
	30	转4	折旧	500.00						500.00		
	30	转11	结转费用		1 1000.00		−1 000.00	−4 500.00	−5 000.00	−500.00		
	30		合计	11 000.00	11 000.00	0						

图 3-10　多栏式明细分类账登记图示：以“管理费用”明细账为例

原材料 明细账　　总第　　页

类别　　　　分第　　页

名称 铸铁　　计量单位 kg　　规格　　编号

2023 年		凭证		摘要	借方			贷方			余额		
月	日	字	号		数量	单价	金额	数量	单价	金额	数量	单价	金额
9	1			期初余额							50 000	2..4	120 000.00
	5	付	1	向河北金属公司采购铸铁	45 000	2.40	108 000.00				95 000		
	12	转	1	向上海澳宁公司采购生铁	10 000	2.40	24 000.00				105 000		
	30	转	2	生产领用				70 000			35 000		
	30			本月合计	55 000		132 000.00	70 000	2.40	168 000.00	35 000	2.4	84 000.00

图 3-11　数量金额式明细分类账登记图示：以“原材料”明细账为例

3. 总分类账的格式和登记方法

（1）总分类账的格式。

总分类账是按照总分类账户分类登记以提供总括会计信息的账簿。总分类账最常用的格式为三栏式，设置借方、贷方和余额三个基本金额栏目。

（2）总分类账的登记方法。

总分类账可以根据记账凭证逐笔登记，也可以根据经过汇总的科目汇总表或汇总记账凭证登记。

（3）总分类账的登记图例见图 3-12。

以“原材料”为例，它的明细账格式是数量金额式的，但总账格式是三栏式的。图中显示的登记总账的方法是按照“科目汇总表”方式登记总账的。

原材料总账

2023年		凭证		摘要	借方	贷方	借或贷	余额
月	日	种类	号数					
9	1			期初余额			借	302 000.00
9	30	科汇	1	科汇字第9-1号汇总过入	279 000.00	454 700.00	借	126 300.00
9	30			本月合计	279 000.00	450 000.00	借	126 300.00

图 3-12　“原材料”总账登记图示

3.4 知识准备四　账簿的对账与结账

1. 对账

对账就是指在本期内对账簿记录进行核对。为了保证各种账簿记录的完整和正确，为编制会计报表提供真实可靠的数据资料，必须做好对账工作。

对账包括账证核对、账账核对、账实核对。

（1）账证核对，是指将各种账簿的记录与有关会计凭证进行核对。

（2）账账核对，是指将各种账簿之间的有关数字进行核对。主要包括：

① 总分类账各账户本月借方发生额合计数与贷方发生额合计数是否相等；期末借方余额合计数与贷方余额合计数是否相等，以检查总分类账户的登记是否正确。

② 各明细分类账的本期借、贷方发生额合计数及期末余额合计数与总分类账应该分别核对相符，以检查各明细分类账的登记是否正确。

③ 现金日记账和银行存款日记账的本期借、贷方发生额合计数及期末余额合计数与总分类账应该分别核对相符，以检查日记账的登记是否正确。

④ 会计部门有关财产物资的明细分类账结存数，应该与财产物资保管或使用部门的有关保管账的账存数核对相符，以检查双方记录是否正确。

（3）账实核对，是指各种财产物资的账面余额与实存数额相核对。具体内容包括：

① 现金日记账账面余额与实地盘点的库存现金实有数相核对；

② 银行存款日记账账面余额与开户银行账目(银行对账单)相核对；

③ 各种财产物资明细分类账账面余额与其清查盘点后的实存数相核对；

④ 应收、应付款明细分类账账面余额与有关债务、债权单位的账目相核对。账实核对一般是通过财产清查进行的。

2. 结账

各个单位的经济活动是连续不断进行的，为了总结每一会计期间(月份、季度、年度)的经济活动情况，考核经营成果，编制会计报表，就必须在每一会计期末进行结账。结账是指在将本期内所发生的经济业务全部登记入账的基础上，于会计期末按照规定的方法结算账目，包括结计出本期发生额和期末余额。

（1）结账的主要程序和内容。

① 结账前，必须将本期内发生的各项经济业务全部登记入账。

② 实行权责发生制的单位，按照权责发生制的要求，进行账项调整的账务处理，并在此基础上，进行其他有关转账业务的账务处理，以计算确定本期的成本、费用、收入和利润。需要说明的是，不能为了赶编报表而提前结账，也不能将本期发生的经济业务延至下期登账，也不能先编会计报表后结账。

③ 结账时，应结出现金日记账、银行存款日记账以及总分类账和明细分类账各账户的本期发生额和期末余额，并将期末余额结转下期。

(2) 结账的方法。

计算登记各种账簿本期发生额和期末余额的工作，一般按月进行，称为月结；有的账目还应按季结算，称为季结；年度终了，还应进行年终结账，称为年结。期末结账主要采用划线结账法。也就是期末结出各账户的本期发生额和期末余额后，加以画线标记，将期末余额结转下期。结账时，不同的账户记录应分别采用不同的方法：

① 月结。每月结账时，应在各账户本月份最后一笔记录下面画一条通栏红线，表示本月结束；然后，在红线下面结出本月发生额和月末余额，如果没有余额，在余额栏内写上“平”或“0”符号。同时，在摘要栏内注明“本月合计”或“×月份发生额及余额”字样，最后，再在下面画一条通栏红线，表示完成月结工作。

② 季结。季结的结账方法与月结基本相同，但在摘要栏内注明“本季合计”或“第×季度发生额及余额”字样。

③ 年结。办理年结时，应在12月份月结下面(需办理季结的，应在第四季度的季结下面)结算填列全年12个月的月结发生额和年末余额，如果没有余额，在余额栏内写上“平”或“0”符号，并在摘要栏内注明“本年合计”或“年度发生额及余额”字样；然后，将年初借(贷)方余额抄列于下一行的借(贷)方栏内，并在摘要栏内注明“年初余额”字样，同时将年末借(贷)方余额再列入下一行的贷(借)方栏内，在摘要栏内注明“结转下年”字样；最后，分别加计借贷方合计数，并在合计数下面画通栏双红线表示封账，完成年结工作。需要更换新账的，应在新账有关账户的第一行摘要栏内注明“上年结转”或“年初余额”字样，并将上年的年末余额以相同方式记入新账中的余额栏内。

结账时按下列方法进行：

A. 对于需按月统计发生额的账户，在期末结账时，要在最后一笔业务记录下面的借方栏开始到余额栏为止画通栏单红线，结出本月发生额和余额，在摘要栏内盖“本月合计”戳记，在“本月合计”栏下面再画一条同样的通栏红线。

B. 对于需要结计本年累计发生额的账户每月结账时，应在“本月合计”栏下结出自年初至本月末止的累计发生额，登记在月份发生额下面，在摘要栏写明“本年累计”字样，在栏下再画一条通栏红线，12月末的“本年累计”就是全年累计发生额，应在全年累计发生额下面画通栏双红线。

C. 对于不需按月结计发生额的账户，如应收应付、财产物资明细账，每登记一次，就要随时结出余额，每月最后一笔余额就是月末余额，月末结账时，只需在最后一笔业务记录下面自借方栏至余额栏画通栏红线即可。

D. 对于总账账户只需结出月末金额即可，但在年终结账时，为了总括反映企业财务状况和经营成果全貌，核对账目，需将所有总账账户结出全年发生额和年末余额，在摘要栏内注明“本年合计”字样，并在合计栏下画通栏双红线。

E. 企业在年度终了，会计人员需要结账。凡有余额的账户，应将其余额结转下年，即将所有有余额的账户余额直接过入新账余额栏内，而不需专门编制记账凭证，也不需要将余额再记入各账户的借方，使本年余额为零。

(3) 结账图示：以“银行存款”总分类账为例，包括月结、季结、年结，详见图3-13。

银行存款总账

2023年		凭证		摘要	借方	贷方	借或贷	余额
月	日	种类	号数					
12	1			期初余额			借	1 302 000.00
	31			科汇字第12-1号汇总过入	500 000.00	326 430.00	借	1 475 570.00
	31			本月合计	500 000.00	326 430.00	借	1 475 570.00
	31			第四季度合计	1 550 000.00	1 376 430.00	借	1 475 570.00
	31			年度合计年末余额	6 550 000.00	5 600 000.00	借	1 475 570.00
	31			上年余额	525 570.00			
				结转下年		1 475 570.00		
				合计	7 075 570.00	7 075 570.00	平	Q

图 3-13 “银行存款”总账月结、季结、年结图示

3.5 实训案例

下面是帝豪股份有限公司的相关业务，财务主管：小薇；出纳：马红；会计：陈力。

1. 2023 年 8 月 31 日有关账户余额表

见图 3-14、图 3-15。

科目代码	总账账户	明细账户	数量	借方金额	贷方金额
1403	原材料			450 000	
140301		生钢	80吨	240 000	
140302		熟钢	50吨	210 000	
1001	银行存款			1 672 000	
4001	实收资本				2 122 000
400101		天马公司			1 508 000
400102		博通公司			614 000
	合计			2 122 000	2 122 000

图 3-14 账户余额表

主要产品	1#风机、2#风机
存货核算方法	全月一次加权平均法

图 3-15 存货核算方法

2. 2023 年 9 月份所发生的经济业务：

【实训案例 1】见图 3-16~图 3-18。

收　料　单

2023年9月5日　　　　　　　　　　　　　　　　收字第1号

供应者：河北省金属材料公司							发票08219305号									
编号	材料名称	规格	送验数量	实收数量	单位	单价	金额									
							千	百	十	万	千	百	十	元	角	分
	生钢		40	40	吨	3 500.00			1	4	0	0	0	0	0	0
	熟钢		45	45	吨	4 000.00			1	8	0	0	0	0	0	0
备注				验收人签章	周静	合计	¥320 000.00									

复核：小薇　　　　　　仓库主管：张海　　　　　　制单：陈力

图 3-16

中国工商银行 转账支票存根　（冀）
$\frac{G}{0}\frac{G}{2}$01558406
附加信息
出票日期 2023年9月5日
收款人：河北省金属材料公司
金　额：¥361 600.00
用　途：购材料款
单位主管　会计

图 3-17

电子发票（增值税专用发票）

发票号码：23110030500000821930

开票日期：2023 年 09 月 05 日

购买方信息	名称：帝豪股份有限公司 纳税人识别号：130637292367576234	销售方信息	名称：河北省金属材料公司 纳税人识别号：130101662358796347

项目名称：	规格型号	单位	数量	单价	金额	税率/征收率	税额
*钢材*生钢		吨	40	3500.00	140000.00	13%	18200.00
*钢材*熟钢		吨	45	4000.00	180000.00	13%	23400.00
合计					¥320000.00		¥41600.00
价税合计（大写）	ⓧ叁拾陆万壹仟陆佰元整						（小写））¥361600.00
备注：							

开票人：王力

图 3-18

【**实训案例 2**】见图 3-19、图 3-20。

中国工商银行电汇凭证（回单）　　1

☑ 普通　□ 加急　　委托日期 2023年9月9日　　No 12083542

汇款人	全称	帝豪股份有限公司	收款人	全称	澳宁有限责任公司
	账号	50069374754010		账号	38301000400247
	汇出地点	河北省　保定　市/县		汇入地点	省　上海　市/县
汇出行名称		工行保定市七一路支行	汇入行名称		农行上海黄渡支行

金额	人民币（大写）壹拾万零壹仟柒佰元整	亿	千	百	十	万	千	百	十	元	角	分
				¥	1	0	1	7	0	0	0	0

汇出行签章（工行保定市七一路支行 2023.09.09 转讫）	支付密码
	附加信息及用途： 复核　　记账

此联汇出行给汇款人的回单

图 3-19

电子发票（增值税专用发票）　　发票号码：23300030500000820000

开票日期：2023 年 09 月 09 日

购买方信息	名称：帝豪股份有限公司 纳税人识别号：130637292367576234
销售方信息	名称：澳宁有限责任公司 纳税人识别号：911101662358796347

项目名称：	规格型号	单位	数量	单价	金额	税率/征收率	税额
*钢材*生钢		吨	20	3000.00	60000.00	13%	7800.00
*钢材*熟钢		吨	10	3000.00	30000.00	13%	3900.00
合计					¥90000.00		¥11700.00

价税合计（大写）	⊗壹拾万零壹仟柒佰元整　　（小写）¥1017 00.00
备注：	

开票人：蒋静

图 3-20

【**实训案例 3**】见图 3-21。

收　料　单

2023年9月12日　　　　　　　　收字第2号

供应者：澳宁有限责任公司							发票　00126455号									
编号	材料名称	规格	送验数量	实收数量	单位	单价	金额									
							千	百	十	万	千	百	十	元	角	分
	生钢		20	20	吨	3 000.00				6	0	0	0	0	0	0
	熟钢		10	10	吨	3 000.00				3	0	0	0	0	0	0
备注				验收人签章	周静	合计	¥90 000.00									

复核：小薇　　　　仓库主管：张海　　　　制单：陈力

图 3-21

【实训案例 4】见图 3-22。

领料凭证汇总表

2023年9月30日　　　　　　　　单位：元

材料名称	单位	单价	普通机床		精密机床		车间一般耗用		合计	
			数量	金额	数量	金额	数量	金额	数量	金额
生钢	吨		60		40		10			
熟钢	吨		40		30					
合计										

审核：　　　　　　　　制单：

图 3-22

【实训案例 5】见图 3-23。

账存实存对比表

2023年9月30日

材料名称	计量单位	单价	实存		账存		对比结果				原因
							盘盈		盘亏		
			数量	金额	数量	金额	数量	金额	数量	金额	
生钢	吨		18								
熟钢	吨		35								
合计											
处理意见	审批部门						清查小组			使用保管部门	
							财产清查小组			原材料库	

审核：　　　　　　　　制单：

图 3-23

要求：

（1）根据本期发生的经济业务填制审核会计凭证。

① 填写业务中空白的原始凭证。

② 根据所给的原始凭证或原始凭证汇总表编制记账凭证，要求填写明细科目。

③ 登记总账用科目汇总表形式登记。

（2）根据业务完成所涉及的所有账户登记及结账工作（结账时必须结出本月合计）。

（3）做题解析。

① 第一步：解读相关原始凭证，填制记账凭证。

【实训案例 1】帝豪股份有限公司 2023 年 9 月 5 日向河北省金属材料公司采购生钢 40 吨，单价 3 500 元，采购熟钢 45 吨，单价 4 000 元，已验收入库且款项转账支票支付。这需要填制付款凭证，见图 3-24。

付 款 凭 证

总字第1号

贷：银行存款　　2023年09月05日　　付字第1号

摘要	会计科目		借方金额									记账（签章）
	总账科目	明细科目	百	十	万	千	百	十	元	角	分	
购入生钢40千克	原材料	生钢		1	4	0	0	0	0	0	0	
购入熟钢45千克	原材料	熟钢		1	8	0	0	0	0	0	0	
税金	应交税费	应交增值税（进项税额）			4	1	6	0	0	0	0	
合计			¥	3	6	1	6	0	0	0	0	

附件3张

会计主管 小薇　　出纳 马红　　审核 小薇　　制单 陈力

图 3-24

【实训案例 2】向澳宁有限责任公司采购生钢 20 吨，单价 3 000 元，采购熟钢 10 吨，单价 3 000 元。材料尚未到达。采用信汇方式支付款项。这需要填制付款凭证，见图 3-25。

付 款 凭 证

总字第2号

贷：银行存款　　2023年09月09日　　付字第2号

摘要	会计科目		借方金额									记账（签章）
	总账科目	明细科目	百	十	万	千	百	十	元	角	分	
购入生钢20吨	在途物资	生钢			6	0	0	0	0	0	0	
购入熟钢10吨	在途物资	熟钢			3	0	0	0	0	0	0	
税金	应交税费	应交增值税（进项税额）			1	1	7	0	0	0	0	
合计			¥	1	0	1	7	0	0	0	0	

附件2张

会计主管 小薇　　出纳 马红　　审核 小薇　　制单 陈力

图 3-25

【实训案例 3】向澳宁有限责任公司采购生钢 20 吨，单价 3 000 元，采购熟钢 10 吨，单价 3 000 元，材料到达，验收入库。这需要填制转账凭证，见图 3-26。

转账凭证

总字第3号

2023年09月12日

转字第1号

摘要	会计科目		借方金额									贷方金额									记账（签章）
	总账科目	明细科目	百	十	万	千	百	十	元	角	分	百	十	万	千	百	十	元	角	分	
采购入库	原材料	生钢			6	0	0	0	0	0	0										
采购入库	原材料	熟钢			3	0	0	0	0	0	0										
采购入库	在途物资	生钢												6	0	0	0	0	0	0	
采购入库	在途物资	熟钢												3	0	0	0	0	0	0	
合计				¥	9	0	0	0	0	0	0		¥	9	0	0	0	0	0	0	

附件1张

会计主管 小薇　　出纳　　审核 小薇　　制单 陈力

图 3-26

【实训案例 4】这是领料业务，生产普通机床领用生钢 60 吨，领用熟钢 40 吨；生产精密机床领用生钢 40 吨，领用熟钢 30 吨；车间一般耗用领用生钢 10 吨。由于资料中说明存货的计价方式为全月一次加权平均法，主要是针对发出存货的计价必须采用该方法求出发出的生钢和熟钢的单价。此时需要应用全月一次加权平均法公式。公式如下：

某种存货的全月一次加权平均单价＝（月初该存货金额+本月该存货入库金额）÷（月初该存货数量+本月该存货入库数量）

某种存货发出的成本＝该存货发出数量×该种存货的全月一次加权平均单价

根据以上公式分别求出生钢、熟钢发出的成本，完善填全领料凭证汇总表。

生钢的全月一次加权平均单价＝（月初该存货金额+本月该存货入库金额）÷（月初该存货数量+本月该存货入库数量）＝（240 000+140 000+60 000）÷（80+40+20）＝3 142. 88

发出生钢的金额＝该存货发出数量×该种存货的全月一次加权平均单价＝（60+40+10）×3 142. 88＝345 716. 8

同理也可按此法求出熟钢的单价＝（210 000+180 000+30 000）÷（50+45+10）＝4 000

发出熟钢的成本＝70×4 000＝280 000

从而完善领料凭证汇总表，见图 3-27。

领料凭证汇总表

2023年9月30日　　　　单位：元

材料名称	单位	单价	普通机床		精密机床		车间一般耗用		合计	
			数量	金额	数量	金额	数量	金额	数量	金额
生钢	吨	3 142.88	60	188 572.80	40	125 715.20	10	31 428.80	110	345 716.80
熟钢	吨	4 000.00	40	160 000.00	30	120 000.00			70	280 000.00
合计			100	348 572.80	70	245 715.20	10	31 428.80	180	625 716.80

复核：小薇　　制单：陈力

图 3-27

这笔业务要填制转账凭证，见图 3-28。

转 账 凭 证

总字第4号

2023年09月30日　　　　转字第2号

摘要	会计科目		借方金额									贷方金额									记账（签章）
	总账科目	明细科目	百	十	万	千	百	十	元	角	分	百	十	万	千	百	十	元	角	分	
生产领料	生产成本	普通机床		3	4	8	5	7	2	8	0										
生产领料	生产成本	精密机床		2	4	5	7	1	5	2	0										
生产领料	制造费用	基本生产			3	1	4	2	8	8	0										
生产领料	原材料	生钢											3	4	5	7	1	6	8	0	
生产领料	原材料	熟钢											2	8	0	0	0	0	0	0	
合计			¥	6	2	5	7	1	6	8	0	¥	6	2	5	7	1	6	8	0	

附件1张

会计主管 小薇　　出纳　　审核 小薇　　制单 陈力

图 3-28

【实训案例 5】清查中要确定存货账面数量，然后和实存数量比较。

期末账面数量=期初数量+本月入库数量-本月发出数量

生钢期末账面数量=期初数量+本月入库数量-本月发出数量=80+(40+20)-110=30 吨

熟钢期末账面数量=期初数量+本月入库数量-本月发出数量=50+(45+10)-70=35 吨

期末账面数量和实存数量比较：

实存数量-账面数量>0 ⟶盘盈金额=(实存数量-账面数量)×全月一次加权平均单价

实存数量-账面数量<0 ⟶盘亏金额=(实存数量-账面数量)×全月一次加权平均单价

生钢=18-30=-12 ⟶盘亏金额=(18-30)×3 142. 88=-37 714. 56

此时完善账存实存对比表，见图 3-29。

账存实存对比表

2023年9月30日

材料名称	计量单位	单价	实存		账存		对比结果				备注
							盘盈		盘亏		
			数量	金额	数量	金额	数量	金额	数量	金额	
生钢	吨	3 142.88	18		30				-12	-37 714.56	管理不善
熟钢	吨	4 000.00	35		35						
处理意见	审批部门						清查小组		使用保管部门		
							财产清查小组		原材料库		

审核： 小薇　　　　制单： 陈力

图 3-29

此时需要填制转账凭证，此时只是发现盘亏，需要上报，等待处理，见图 3-30。

转账凭证

总字第5号

2023年09月30日　　　　转字第3号

摘要	会计科目		借方金额									贷方金额									记账（签章）
	总账科目	明细科目	百	十	万	千	百	十	元	角	分	百	十	万	千	百	十	元	角	分	
财产清查	待处理财产损益	待处理流动产损益			3	7	7	1	4	5	6										
财产清查	原材料	生钢												3	7	7	1	4	5	6	
合计				¥	3	7	7	1	4	5	6		¥	3	7	7	1	4	5	6	

附件1张

会计主管 小薇　　出纳　　审核 小薇　　制单 陈力

图 3-30

② 第二步：进行明细账登记并期末结账，登记总账并期末结账。

A. 进行明细账和日记账的结账，结出本月发生额，画单红线结账。

首先把分录填入写好的 Excel（电子表格），见图 3-31。

名称	日期	凭证编号	摘要	科目编码	数量	总账	明细账	借方金额	贷方金额
业务1	2023-9-5	付1	购入原材料	140301	40	原材料	生钢	140 000	
业务1	2023-9-5	付1	购入原材料	140302	45	原材料	熟钢	180 000	
业务1	2023-9-5	付1	购入原材料	22210101		应交税费	应交增值税（进项税额）	41 600	
业务1	2023-9-5	付1	购入原材料	1002		银行存款			361 600
业务2	2023-9-9	付2	采购原材料	140201	20	在途物资	生钢	60 000	
业务2	2023-9-9	付2	采购原材料	140202	10	在途物资	熟钢	30 000	
业务2	2023-9-9	付2	采购原材料	22210101		应交税费	应交增值税（进项税额）	11 700	
业务2	2023-9-9	付2	采购原材料	1002		银行存款			101 700
业务3	2023-9-12	转1	采购原材料入库	140301	20	原材料	生钢	60 000	
业务3	2023-9-12	转1	采购原材料入库	140302	10	原材料	熟钢	30 000	
业务3	2023-9-12	转1	采购原材料入库	140201		在途物资	生钢		60 000
业务3	2023-9-12	转1	采购原材料入库	140202		在途物资	熟钢		30 000
业务4	2023-9-30	转2	生产领料	50010101		生产成本	普通机床	348 572.8	
业务4	2023-9-30	转2	生产领料	50010201		生产成本	精密机床	245 175.2	
业务4	2023-9-30	转2	生产领料	510101		制造费用	基本生产	31 428.8	
业务4	2023-9-30	转2	生产领料	140301	-60	原材料	生钢		345 716.8
业务4	2023-9-30	转2	生产领料	140302	-40	原材料	熟钢		280 000
业务5	2023-9-30	转3	清查	190101		待处理财产损益	待处理流动资产损益	37 714.56	
业务5	2023-9-30	转3	清查	140301	-12	原材料	生钢		37 714.56

图 3-31　记录分录的 Excel（电子表格）

然后利用“筛选”功能，分别进行各明细账和银行存款日记账的筛选，依次据以登记明细账和银行存款日记账，当然在登记各明细账和银行存款日记账之前，先把期初余额登记好。如登记“原材料——生钢”明细账，先把期初余额登记好，再进行“生钢”明细账筛选，然后根据筛选结果再进行“总账”下“原材料 ”筛选，见图 3-32，据以登记“原材料——生钢”明细账，见图 3-34。

名称	日期	凭证编号	摘要	科目编码	数量	总账	明细	借方金额	贷方金额
业务1	2023-9-5	付1	购入原材料	140301	40	原材料	生钢	140 000	
业务3	2023-9-12	转1	采购原材料入库	140301	20	原材料	生钢	60 000	
业务4	2023-9-30	转2	生产领料	140301	-110	原材料	生钢		345 716.8
业务5	2023-9-30	转3	清查	140301	-12	原材料	生钢		37 714.56

图 3-32　筛选后“原材料——生钢”明细账结果

下面是各明细账和银行存款日记账登记情况，见图 3-33～图 3-42。

银行存款日记

2014年		凭证		摘要	借方	贷方	借或贷	余额
月	日	种类	号数					
9	1			期初余额			借	1 672 000.00
	5	付	1	向河北省金属材料公司采购生钢、熟钢		361 600.00	借	1 310 400.00
	10	付	2	向上海澳宁有限责任公司采购生钢、熟钢		101 700.00	借	1 208 700.00
	30			本月合计		463 300.00		1 208 700.00

图 3-33　银行存款日记账

原材料　明细账

总第　　页
分第　　页

类别
名称生钢　　计量单位吨　　规格　　编号

2023	年	凭证		摘要	借方			贷方			余额		
月	日	字	号		数量	单价	金额	数量	单价	金额	数量	单价	金额
9	1			期初余额							80	3 000.00	240 000.00
	5	付	1	向河北省金属材料公司购买生钢入库	40	3 500.00	140 000.00				120		
	12	转	1	向上海澳宁有限责任公司采购生钢后入库	20	3 000.00	60 000.00				140		
	30	转	2	生产领用				110			30		
	30	转	3	清查				12			18		
	30			本月合计	60		200 000.00	122	3 142.88	383 431.36	18	3 142.88	56 568.64

图 3-34　原材料——生钢明细账

原材料 明细账

总第　　页

类别　　分第　　页

名称熟钢　　计量单位吨　　规格　　编号

2023年		凭证		摘要	借方			贷方			余额		
月	日	字	号		数量	单价	金额	数量	单价	金额	数量	单价	金额
9	1			期初余额							50	4 200.00	210 000.00
	5	付	1	向河北省金属材料公司购买熟钢入库	45	4 000.00	180 000.00				95		
	12	转	1	向上海澳宁有限责任公司采购熟钢后入库	10	3 000.00	30 000.00				105		
	30	转	2	生产领用				70			35		
	30			本月合计	55		210 000.00	70	4 000.00	280 000.00	35	4 000.00	140 000.00

图 3-35　原材料——熟钢明细账

应交税费(应交增值税)													
2023年		凭证		摘要	借方			贷方				借或贷	余额
月	日	字	号		合计	进项税额	已交税金	合计	销项税额	进项税额转出	出口退税		
9	5	付	1	向河北省金属材料公司采购生钢熟钢	41 600.00	41 600.00							
9	9	付	2	向上海澳宁有限责任公司采购生钢熟钢	11 700.00	11 700.00							
9	30			本月合计	53 300.00	53 300.00						借	53 300.00

图 3-36　应交税费——应交增值税明细账

明　细　账

科目：在途物资——生钢　　编号(　　　)　　2023年度　　页码：

记账凭单			摘要	借方	贷方	借或贷	余额
月	日	顺序号					
9	9	付2	向上海澳宁有限责任公司采购生钢20 000千克	60 000.00		借	60 000.00
	12	转1	向上海澳宁有限责任公司采购生钢20 000千克入库		60 000.00	平	Q
			本月合计	60 000.00	60 000.00	平	Q

图 3-37　在途物资——生钢明细账

明 细 账

科目：在途物资——熟钢　　编号(　　　)　　2023年度　　页码：

记账凭单			摘要	借方	贷方	借或贷	余额
月	日	顺序号					
9	9	付2	向上海澳宁有限责任公司采购熟钢10 000千克	30 000.00		借	30 000.00
	12	转1	向上海澳宁有限责任公司采购熟钢10 000千克入库		30 000.00	平	Q
	本月合计	本月合计		30 000.00	30 000.00	平	Q

图 3-38　在途物资——熟钢明细账

生产成本明细账

产品名称：普通机床　　2023年9月

2023年		凭证		摘要	成本项目			
月	日	类别	号数		直接材料	直接工资	制造费用	合计
9	30	转2		生产普通机床领用生钢熟钢	348 572.80			348 572.80

图 3-39　生产成本——普通机床明细账

生产成本明细账

产品名称：精密机床　　2023年9月

2023年		凭证		摘要	成本项目			
月	日	类别	号数		直接材料	直接工资	制造费用	合计
9	30	转2		生产精密机床领用生钢熟钢	245 715.20			245 715.20

图 3-40　生产成本——精密机床明细账

制造费用明细账

车间名称：基本生产车间　　2023年9月

2023年		凭证		摘要	成本项目			
月	日	类别	号数		直接材料	直接工资	制造费用	合计
9	30	转2		车间一般耗用	31 428.80			31 428.80

图 3-41　制造费用——基本生产车间明细账

明 细 账

科目：待处理财产损益——待处理流动财产损益　　2023年9月

记账凭单			摘要	借方	贷方	借或贷	余额
月	日	顺序号					
9	30	转3	清查	37 714.56		借	37 714.56

图 3-42　待处理财产损益——待处理流动财产损益明细账

此外还有实收资本明细账，由于本月发生业务未涉及相关内容，因此不需登记。还要注意登记相关日记账和明细账账簿后，不要忘记在记账凭证后面最后一栏的记账处打上“√”，防止漏记和重复记账。

B. 登记总账并结账。

采用科目汇总表形式登记总账。

随着计算机知识的普及，实际工作中，编制科目汇总表数据的采集计算可采用 Excel(电子表格)来进行。

首先把分录填入写好的 Excel(电子表格)，见前图 3-31。

然后进行数据透视表的操作，在数据透视表字段列表中选中“总账”标签，拖到“行标签”处，将“借方金额”和“贷方金额”拖到“数值”处，将“值字段设置”设置为“求和”，见图 3-43、图 3-44。再根据数据透视表显示结果编制科目汇总表，见图 3-45。

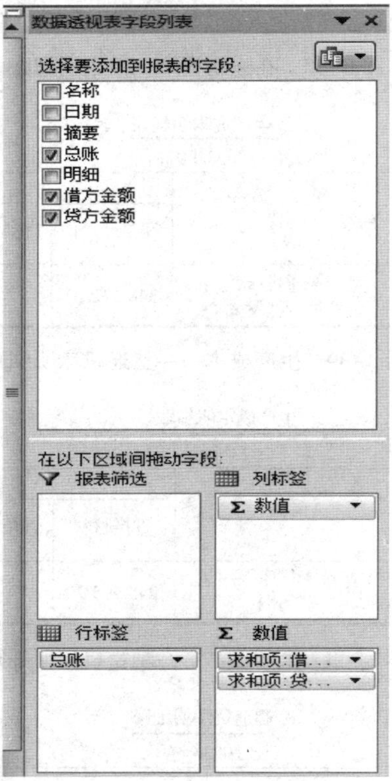

图 3-43　数据透视表字段列表中设置

行标签	求和项:借方金额	求和项:贷方金额
待处理财产损益	37714.56	
生产成本	594288	
银行存款		463300
应交税费	53300	
原材料	410000	663431.36
在途物资	90000	90000
制造费用	31428.8	
总计	**1216731.36**	**1216731.36**

图 3-44　数据透视表显示结果

科目汇总表		科汇字第9-1号	
2023年9月1日至30日		凭证总字1号至总字5号共5张	
会计科目	借方	贷方	记账
			√
银行存款		463 300.00	
原材料	410 000.00	663 431.36	
应交税费	53 300.00		
在途物资	90 000.00	90 000.00	
生产成本	594 288.00		
制造费用	31 428.80		
待处理财产损益	37 714.56		
合计	¥1 216 731.36	¥1 216 731.36	

审核：小薇　　　　制表：陈力

图 3-45　科目汇总表

最后根据科目汇总表登记总账。见图 3-46~图 3-52。

银行存款总账

2023年		凭证		摘要	借方	贷方	借或贷	余额
月	日	种类	号数					
9	1			期初余额			借	1 672 000.00
9	30	科汇	9-1	科汇字第9-1号汇总过入		463 300.00	借	1 208 700.00
9	30			本月合计		463 300.00	借	1 208 700.00

图 3-46　银行存款总账

原材料总账

2023年		凭证		摘要	借方	贷方	借或贷	余额
月	日	种类	号数					
9	1			期初余额			借	450 000.00
9	30	科汇	9-1	科汇字第9-1号汇总过入	410 000.00	663 431.36	借	196 568.64
9	30			本月合计	410 000.00	663 431.36	借	196 568.64

图 3-47　原材料总账

应交税费总账

2023年		凭证		摘要	借方	贷方	借或贷	余额
月	日	种类	号数					
9	30	科汇	9-1	科汇字第9-1号汇总过入	53 300.00		借	53 300.00

图 3-48　应交税费总账

生产成本总账

2023年		凭证		摘要	借方	贷方	借或贷	余额
月	日	种类	号数					
9	30	科汇	9-1	科汇字第9-1号汇总过入	594 288.00		借	594 288.00

图 3-49　生产成本总账

在途物资总账

2023年		凭证		摘要	借方	贷方	借或贷	余额
月	日	种类	号数					
9	30	科汇	9-1	科汇字第9-1号汇总过入	90 000.00	90 000.00	平	Q

图 3-50　在途物资总账

制造费用总账

2023年		凭证		摘要	借方	贷方	借或贷	余额
月	日	种类	号数					
9	30	科汇	9-1	科汇字第9-1号汇总过入	31 428.80		借	31 428.80

图 3-51　制造费用总账

待处理财产损益总账

2023年		凭证		摘要	借方	贷方	借或贷	余额
月	日	种类	号数					
9	30	科汇	9-1	科汇字第9-1号汇总过入	37 714.56		借	37 714.56

图 3-52　待处理财产损益总账

此外还有实收资本总账，由于没有发生业务故略去不再登记。进行总账与明细账等的对账，金额一致。还要注意登记相关总账账簿后，不要忘记在记账凭证和科目汇总表后面最后一栏的记账处打上“√”，防止漏记和重复记账。

总结：以上通过这个实例题给大家大致描述了企业做账的过程：理解原始凭证—填制记账凭证—登记账簿（如有现金、银行存款业务，首先要设置这两本日记账，并按业务发生顺序登记；然后设置其他明细账，要按科目选择明细账账页格式，并按照业务发生顺序分别登记；最后根据科目汇总表登记总账）。

3.6 本章实训：账簿填制的实训

1. 实训目的

通过实验使学生系统掌握账簿登记明细账、总账的方法。

2. 实验资料

（1）企业基本情况：

企业名称，所属行业	华邦股份有限公司，制造业
主要业务，产品类型	公司主要生产光学仪器、精密仪器两种产品
联系电话，单位地址	0312-22225423，保定市人民路 12 号
开户行及账号	中国工商银行保定市人民路分理处 18054311002533
纳税登记号	130102750532769457
适应税率	增值税 13%，城建税 7%，教育费附加 3%
存货核算方法	存货采用实际成本计价核算， 存货发出成本采用全月一次加权平均法核算。假定没有在产品
主要会计岗位及人员	会计主管：张涛　记账：王艺　出纳：罗中 审核：沈方　制单：伍全
组织机构	生产车间；行政办公室；财务部；销售部；供应部

（2）期初资料：

2023 年 6 月 1 日公司账户金额　　单位：元

总账科目	明细科目	借方余额	贷方余额
库存现金		14 650.00	
银行存款		510 890.00	
应收账款		40 160.00	
	衡水天华公司	28 000.00	
	承德三一公司	12 160.00	
原材料		114 000.00	
	生铁	96 000.00	
	钢材	18 000.00	
库存商品		146 000.00	

续表

总账科目	明细科目	借方余额	贷方余额
	光学仪器	82 000.00	
	精密仪器	64 000.00	
固定资产		250 000.00	
累计折旧			86 000.00
应付账款			74 000.00
	江苏红光商贸公司		61 000.00
	河南第五建设公司		13 000.00
应付职工薪酬			5 100.00
应付利息			10 600.00
长期借款			150 000.00
	建设银行田心支行		150 000.00
实收资本			560 000.00
盈余公积			64 000.00
利润分配			72 000.00
	未分配利润		72 000.00
本年利润			54 000.00
合计		1 075 700.00	1 075 700.00

有关账户期初余额如下：

“原材料”明细账户 2023 年 6 月初余额

材料名称	计量单位	数量	单位成本	金额
生铁	吨	24	4 000	96 000.00
钢材	吨	2	9 000	18 000.00

“库存商品”明细账户 2023 年 6 月初余额

产品名称	计量单位	数量	单位成本	金额
光学仪器	个	82	1 000	82 000.00
精密仪器	个	40	1 600	64 000.00

（3）2023 年 6 月发生的经济业务：

【实训资料 1】2 日，从开户银行提取现金 8 000 元备用。填制现金支票并进行账务处理。见图 3-53。

中国工商银行 现金支票存根（冀） VI II 01514508
附加信息
出票日期　年　月　日
收款人：
金额：
用途：
单位主管　　会计

中国工商银行现金支票（冀）　VI II 01514508

本支票付款期十天

出票日期（大写）　年　月　日										付款行名称：
收款人：										出票人账号：
人民币（大写）	千	百	十	万	千	百	十	元	角	分

用途：　　科目（借）

上列款项请从　　对方科目（贷）

我账户内支付　　付讫日期　年　月　日

出票人签章　　出纳　　复核　　记账

图 3-53

【**实训资料 2**】11 日，供应部部长李伟去北京出差预借差旅费 3 200 元，出纳以现金付讫。填制借支单并进行账务处理，见图 3-54。

借支单

年　月　日

姓名		工作部门		职务	
借款原因			领导审批		
借支金额	人民币（大写）			¥	
备注					

出纳：　　借款人：

图 3-54

【**实训资料 3**】见图 3-55~图 3-57。

电子发票（增值税专用发票）　发票号码：23311130500000000020

国家税务总局 河北省税务局

开票日期：2023 年 06 月 15 日

购买方信息	名称：华邦股份有限公司 纳税人识别号：130637750532769457	销售方信息	名称：河北宝德华丰公司 纳税人识别号：13010071061732068

项目名称：	规格型号	单位	数量	单价	金额	税率/征收率	税额
*铁*生铁		吨	4	4000.00	16000.00	13%	2080.00
*钢*钢材		吨	10	9000.00	90000.00	13%	11700.00
合计					¥106000.00		¥13780.00
价税合计（大写）	⊗壹拾壹万玖仟柒佰捌拾元整					（小写）¥119780.00	
备注：							

开票：马骅

图 3-55

中国工商银行　　电汇凭证（回　单）　1

委托日期：2023年6月15日　　　　　　　　　　　　　　　　　　第 002423 号

付款人	全称	华邦股份有限公司				收款人	全称	河北宝德华丰公司			
	账号或住址	18054311002533					账号或住址	26030102084537			
	汇出地点	保定市	汇出行名称	工行人民路支行			汇入地点	河北邯郸市	汇入行名称	工行火炬路支行	
人民币（大写）		人民币壹拾壹万玖仟柒佰捌拾元整									

百	十	万	千	百	十	元	角	分
¥	1	1	9	7	8	0	0	0

汇款用途：付购料款

上列款项已根据委托办理，如需查询，请持此回单来行面洽

单位主管　　　会计　　　复核　　　记账

（汇出行盖章）

工商银行保定市人民路支行 2023.6.15 转讫

2023年6月15日

此联是汇出银行给收款人的回单

图 3-56

收料单

供应单位：河北宝德华丰公司　　　　　　　　　　　　　　编号：1068

发票号码：00575240　　　　　2023年6月 15 日　　　　　　　仓库：一仓库

规格	材料名称	编号	数量		实际价格（元）				合计									
			应收	实收	单位	单价	发票金额	运杂费	千	百	十	万	千	百	十	元	角	分
	生铁	1101	4	4	吨	4 000.000	16 000.00	0.00				1	6	0	0	0	0	0
	钢材	1102	10	10	吨	9 000.00	90 000.00	0.00				9	0	0	0	0	0	0
备注			验收人盖章		李金			合计¥ 106 000.00										

审核　沈方　　　　　　　　　　　　制单　伍全

第二联：会计部门

图 3-57

【实训资料 4】见图 3-58、图 3-59。

电子发票（增值税专用发票）

国家税务总局 河北省税务局

发票号码：23311100000000000615

开票日期：2023 年 06 月 20 日

购买方信息	名称：河北电动汽车有限公司 纳税人识别号：130100125603969009	销售方信息	名称：华邦股份有限公司 纳税人识别号：130637750532769457

项目名称	规格型号	单位	数量	单价	金额	税率/征收率	税额
*仪器*光学仪器		个	80	1300.00	104000.00	13%	13520.00
*仪器*精密仪器		个	30	2000.00	60000.00	13%	7800.00
合计					¥164000.00		¥21320.00
价税合计（大写）	⊗壹拾捌万伍仟叁佰贰拾元整					（小写）¥185320.00	

备注：

开票人：伍金

图 3-58

发 货 单

购货单位：河北电动汽车有限公司　　2023年6月20日　　编号：080139407

产品编号	产品名称	规格	单位	数量		单价	金额							
				请发	实发		十	万	千	百	十	元	角	分
	光学仪器		个	80	80									
	精密仪器		个	30	30									
合计														

第三联　财务

销售部门负责人：胡文　　发货人：李乐　　提货人：纪敏和　　制单：何意

图 3-59

【实训资料 5】见图 3-60。

中国工商银行 **进账单**（收账通知）

填制日期　2023年6月22日　　3　　第 013 号

付款人	全称	承德三一公司	收款人	全称	华邦股份有限公司
	账号	18054311002238		账号	18054311002533 4578
	开户银行	工行承德市星沙路支行		开户银行	工商银行保定市人民路支行

人民币（大写）	壹万贰仟壹佰陆拾元整	千	百	十	万	千	百	十	元	角	分
				¥	1	2	1	6	0	0	0
票据种类	转账支票	此联不作收款用									
票据张数	1张										
单位主管　会计　复核　记账		受理银行盖章									

工商银行保定市人民路支行
2023.6.22
转讫

此联是收款人开户行交给收款人的收账通知

图 3-60

【实训资料 6】见图 3-61。

中国工商银行

转账支票存根（冀）

ⅥⅡ02971855

附加信息

出票日期　2023年6月28日

收款人：华邦股份有限公司

金　额：¥48 000.00

用　途：发工资

单位主管　张涛　　会计　伍全

图 3-61

【**实训资料7**】见图3-62。

除付款单位项目外手工填写无效 湘国税 发印字(2013)第024号

河北省货物销售发票

发票联

发票代码：141011920562

发票号码：17896046　　*同意列作管理费用报销*

机打号码：19895642　　*张涛*

机器编号：174580021999

收款单位：保定兴盛有限公司

税　　号：430122196606074567

开票日期：2023-06-29　收款员：管理员

付款单位：华邦股份有限公司

项目	单价	数量	金额
打印纸	50.00	20.00	1 000.00

现金收讫

小写合计：¥1 000.00

大写合计：壹仟元整

保定兴盛有限公司 发票专用章

图3-62

【**实训资料8**】见图3-63。

发料凭证汇总表

2023年6月30日　　　　单位：元

领料部门及用途	材料名称						合计
	生铁			钢材			
	数量	单价	金额	数量	单价	金额	
生产光学仪器	8			2			
生产精密仪器	10			5			
车间一般耗用	1						
行政管理部门耗用				0.5			
合计	19			7.5			

审核：沈方　　　　制单：伍全

图3-63

【**实训资料9**】见图3-64。

工资分配汇总表

2023年6月30日　　　　单位：元

部门	生产工时	应付职工工资
生产工人		20 000.00
其中：生产光学仪器工人	4 000	8 000.00
生产精密仪器工人	6 000	12 000.00
车间管理人员		19 000.00
管理人员		5 000.00
销售人员		6 000.00
合计		50 000.00

会计主管：张涛　　　复核：沈方　　　制单：伍全

图3-64

【实训资料 10】见图 3-65。

固定资产折旧计算汇总表

2023年6月30日　　单位：元

部门	月折旧额
生产车间	6 000.00
行政管理部门	500.00
销售部门	400.00
合计	6 900.00

复核：沈方　　制单：伍全

图 3-65

【实训资料 11】见图 3-66。

制造费用分配表

2023年6月30日　　单位：元

分配对象	分配标准（工时）	分配率	分配金额
光学仪器	4 000		
精密仪器	6 000		
合计	10 000		

复核：沈方　　制单：伍全

图 3-66

【实训资料 12】见图 3-67。

产品入库单

2023年 6月30日

产品名称	数量	项目			合计
		直接材料	直接人工	制造费用	
光学仪器	70				
精密仪器	70				

会计主管：张涛　　复核：沈方　　制单：伍全

图 3-67

【实训资料 13】见图 3-68。

销售成本计算表

2023年6月30日　　单位：元

产品名称	计量单位	销售数量	单位成本	总成本
光学仪器	个			
精密仪器	个			
合计				

会计主管：张涛　　复核：沈方　　制单：伍全

图 3-68

【**实训资料 14**】见图 3-69。

应交税费计算表

2023年6月30日　　　　金额单位：元

税种、税目	计税依据		适用税率	应交税费	备注
	项目	金额			
城建税	应交增值税		7%		
教育费附加	应交增值税		3%		
合计					

复核：沈方　　　　制单：伍全

图 3-69

【**实训资料 15**】30 日，结转本月损益类账户的余额。

（4）实训要求：

① 进行核算，完成相关原始凭证的有关数据填制；编制收、付、转记账凭证。

② 设置日记账、相关明细账、总账账簿。

③ 根据填制好的收、付、转记账凭证登记日记账、明细账；采用科目汇总表形式登记总账。

项目四

会计报表编制

4.1 知识准备一　资产负债表的编制

1. 资产负债表的概念和意义

（1）概念：

资产负债表是反映企业在某一特定日期（月末、季末或年末）财务状况的财务报表。它是根据“资产=负债+所有者权益”这一会计等式，按照一定的编制要求编制而成的，资产负债表是企业财务报表体系中的主要报表。

从性质上讲，资产负债表是一个静态的财务报表，它是以相对静止的方式反映企业资产、负债和所有者权益的总量及构成。换言之，报表中反映的财务状况只是某一时点（编报日）上的状态，过了这一时点，企业的财务状况就会变化。

（2）意义：

① 通过资产负债表，可以了解企业在某一特定日期所拥有或控制的经济资源及其构成、所承担的债务责任以及投资者所拥有的权益情况；

② 评价企业的变现能力和偿债能力；

③ 考察企业资本的保全和增值情况；

④ 评估企业的资本结构和财务实力；

⑤ 预测企业未来的财务状况变动趋势。

2. 资产负债表的项目分类与排列

因我国会计准则规定企业只能采用账户式资产负债表格式，因此下面关于资产负债表的所有介绍及举例均以账户式资产负债表为依据。

（1）资产类项目的分类与排列。

原则：根据资产的流动性强弱顺序排列，流动性强者在前，流动性弱者在后。所谓资产的流动性，是指资产的变现能力，即能否变现以及能否及时或不受约束地变现。

① 流动资产包括的项目依次排列为：货币资金、交易性金融资产、应收票据、应收账款、预付款项、应收股利、应收利息、其他应收款、存货、一年内到期的非流动资产、其他流动资产。

② 非流动资产包括的项目依次排列为：可供出售金融资产、持有至到期投资、长期应收款、长期股权投资、投资性房地产、固定资产、在建工程、工程物资、固定资产清理、生产性生物资产、油气资产、无形资产、开发支出、商誉、长期待摊费用、递延所得

税资产、其他非流动资产。

（2）负债类项目的分类与排列。

原则：按照偿还期限顺序排列，偿还期短（一年以内）者排在前面，偿还期长（一年以上）者排在后面。

① 流动负债包括的项目依次排列为：短期借款、交易性金融负债、应付票据、应付账款、预收款项、应付职工薪酬、应交税费、应付利息、应付股利、其他应付款、一年内到期的非流动负债、其他流动负债。

② 非流动负债包括的项目依次为：长期借款、应付债券、长期应付款、专项应付款、预计负债、递延所得税负债、其他非流动负债。

（3）所有者权益类项目的分类与排列。

原则：按照永久性程度（企业可使用情况）的高低顺序排列，永久性程度高者排在前面，永久性程度低者排在后面。

所有者权益类包括的项目依次为：实收资本（或股本）、资本公积、库存股、盈余公积、未分配利润。

3. 资产负债表的编制

由于资产负债表是总括反映企业某一特定日期的全部资产、负债、所有者权益情况的报表，而各有关账户的期末余额分类反映企业某一特定日期的资产、负债和所有者权益情况，资产负债表各项目的期末数与各有关账户的期末余额在反映内容上的共性，决定了资产负债表项目应根据各有关账户的期末余额填列。但是，资产负债表各项目反映的内容与各有关账户反映的内容又不完全相同，有的可以从账户中直接填列，有的更概括，有的更为集中。因此，资产负债表各项目有的直接根据有关账户的期末余额填列，有的则要根据有关账户的期末余额分析填列。

资产负债表项目的具体填列方法如下：

（1）表中各项目“年初余额”的填列。

资产负债表“年初余额”栏内各项数字，应根据上年末资产负债表“期末余额”栏内所列数字填列。如果本年度资产负债表规定的各个项目的名称和内容同上年度不相一致，应对上年末资产负债表各项目的名称和数字按照本年度的规定进行调整，填入表中“年初余额”栏内。

（2）表中各项目“期末余额”的填列。

资产负债表“期末余额”栏内各项数字，应根据会计账簿记录填列。其中，大多数项目可以直接根据账户余额填列，少数项目则要根据账户余额进行分析、计算后填列，具体填列方法有以下几种：

① 直接根据总分类账户余额填列。

资产负债表中大多项目的数字可以根据有关总分类账户的余额直接填列。有些报表项目与会计科目相同，如“交易性金融资产”“应收票据”“累计折旧”“短期借款”“其他应付款”“实收资本”“资本公积”“盈余公积”等。

② 根据若干个总分类账户的期末余额计算填列。

例如：“货币资金”项目应根据“库存现金”“银行存款”“其他货币资金”总分类账户

期末余额合计数填列；“存货”项目应根据“在途物资”“原材料”“生产成本”“周转材料”“库存商品”等账户余额合计填列；“长期股权投资”项目应按照“长期股权投资”账户余额扣除“长期股权投资减值准备”账户余额后填列；“固定资产”项目应按照“固定资产”账户余额扣除“累计折旧”和“固定资产减值准备”账户余额后填列；“无形资产”项目应按照“无形资产”账户余额扣除“累计摊销”和“无形资产减值准备”账户余额后填列。由于企业在会计年度内一般采用“表结账不结”的结账方法，因此在会计年度内的各月末的资产负债表中的“未分配利润”项目应根据“本年利润”和“利润分配”账户的余额计算填列，同向相加，异向求差。贷方为正数，借方为负数。

③ 根据总分类账户所属明细分类账户余额分析、计算后填列。

资产负债表某些项目不能根据总分类账户的期末余额，或若干个总分类账户的期末余额计算填列，需要根据有关账户所属的相关明细账户的期末余额计算填列，如“应收账款”“预付款项”“应付账款”及“预收款项”等项目。

A.“应收账款”项目应根据“应收账款”总分类账户所属的各明细账户的期末借方余额和“预收账款”总分类账户所属各明细分类账户的期末借方余额合计数减去“坏账准备”科目中有关应收账款和预收账款计提坏账准备期末余额后的金额填列。

B.“预付账款”项目应根据“预付账款”和“应付账款”总分类账户所属各明细分类账户的期末借方余额合计填列，即如果“应付账款”账户所属的明细账户有借方余额也在本项目内合并反映。

C.“应付账款”项目应根据“应付账款”和“预付账款”总分类账户所属各明细分类账户的期末贷方余额合计填列。如“预付账款”明细账户有贷方余额应在“应付账款”项目内反映。

D.“预收账款”项目应根据“预收账款”和“应收账款”总分类账户所属各明细分类账户的期末贷方余额合计填列。如“应收账款”明细账户有贷方余额的应在“预收账款”项目内反映。

④ 根据总账账户和明细账户余额分析计算填列。

资产负债表中某些项目不能根据有关总账账户的期末余额直接填列或计算填列，也不可能根据有关账户所属相关明细账户的期末余额计算填列，需要根据总账账户和明细账户余额分析计算填列，如“长期借款”项目，要根据“长期借款”总账账户余额扣除“长期借款”账户所属的明细账户中反映的将在一年内到期的长期借款部分计算填列。

4. 实训案例：编制资产负债表

根据资料编制一份资产负债表。

资料：华兴股份有限公司企业 2023 年 7 月 31 日有关账户余额见图 4-1。

解答如下：按照编制方法，找好四种科目，然后对号入座进行编制。这里关键是把那些特殊的记住，剩下的就是大多数根据科目余额直接填列。几个特殊的填制方法：

（1）货币资金=库存现金+银行存款+其他货币资金

（2）存货=材料采购(在途材料)+原材料+库存商品+生产成本+周转材料+委托加工物资+发出商品+材料成本差异(借方为正)-存货跌价准备(贷方余额)

（3）未分配利润=本年利润(贷方为正)+利润分配(贷方为正)

账户名称		借方	贷方
总分类账户	明细分类账户		
库存现金		15 000	
银行存款		500 000	
其他货币资金		25 000	
应收账款	A公司	6 000	
	B公司		2 000
预付账款	C公司	1 850	
	D公司		350
其他应收账款		1 000	
坏账准备			3 000
原材料		36 000	
产成品		11 600	
生产成本		2 400	
持有至到期投资	债券投资	60 000	
固定资产		700 000	
累计折旧			250 000
无形资产		89 000	
应付账款			16 000
预收账款	E公司	150	
	F公司		8 900
实收资本			666 750
本年利润			424 000
利润分配			77 000
合计		1 448 000	1 448 000

图 4-1　有关账户期末余额(单位：元)

(4) 应收账款=(应收账款明细账借方余额+预收账款明细账借方余额)-坏账准备

(5) 应付账款=应付账款明细账贷方余额+预付账款明细账贷方余额

(6) 预收账款=应收账款明细账贷方余额+预收账款明细账贷方余额

(7) 预付账款=应付账款明细账借方余额+预付账款明细账借方余额

(8)“长期应收款”“长期待摊费用”“长期借款”“应付债券”“长期应付款”等长期项目，应扣除将于一年内到期的金额(该部分已从长期性质转化为短期性质，应单列入相关的流动项目中)。

(9) 已经计提了减值准备的，应减去减值部分，按净额填列。

存货-存货跌价准备

持有至到期投资-持有至到期投资减值准备

长期股权投资-长期股权投资减值准备

固定资产-累计折旧-固定资产减值准备

在建工程-在建工程减值准备

无形资产-累计摊销-无形资产减值准备

以上是特殊的，剩余的就是根据相关科目余额直接填列的。因而针对以上题目，见图 4-2。

资产负债表

编制单位：华兴股份有限公司　　2023 年 07 月 31 日　　单位：元

资产	年初数	年末数	负债及所有者权益	年初数	年末数
流动资产：			流动负债		
货币资金		15 000+500 000+25 000=540 000	短期借款		
交易性金融资产			交易性金额负债		
应收票据			应付票据		
应收账款		6 000+150-3 000=3 150	应付账款		16 000+350=16 350
预付账款		1 850	预收账款		2 000+8 900=10 900
应收利息			应付职工薪酬		
应收股利			应交税费		
其他应收款		1 000	应付利息		
存货		36 000+11 600+2 400=50 000	应付股利		
一年内到期的非流动资产			其他应付款		
其他流动资产			一年内到期的非流动负债		
流动资产合计		596 000	其他流动负债		
非流动资产			流动负债合计		27 250
可供出售金融资产			非流动负债		
持有至到期投资		60 000	长期借款		
长期应收款			应付债券		
长期股权投资			长期应付款		
投资性房地产			专项应付款		
固定资产		700 000-250 000=450 000	预计负债		
在建工程			递延所得税负债		
工程物资			其他非流动负债		
固定资产清理			非流动负债合计		
生产性生物资产			负债合计		
无形资产		89 000	所有者权益（或股东权益）：		
开发支出			实收资本（或股本）		666 750
商誉			资本公积		
长期待摊费用			减：库存股		
递延所得税资产			盈余公积		
其他非流动资产			未分配利润		424 000+77 000=501 000
非流动资产合计		599 000	所有者权益合计		
资产总额		1 195 000	负债和所有者权益总计		1 195 000

单位负责人：苏锦　　会计主管：李飞　　会计：李名

图 4-2

4.2 知识准备二　利润表的编制

1. 利润表的概念和意义

（1）概念。

利润表又称收益表、损益表，它是用以反映企业在一定时期(如年度、季度、月份)内经营成果的报表。利润表是以“收入-费用=利润”的会计等式为依据编制的。

从性质上讲，利润表是一个动态的财务报表，它是将一个会计期间内的收入、收益与同一会计期间的成本、费用进行配比，求出该会计期间的净利润(亏损)。换言之，报表中反映的财务状况是某一时期企业生产经营的结果，是一个时期数(资产负债表反映的是一个时点数)。

(2) 意义。

① 通过利润表可以了解企业某一期间实现净利润或发生亏损情况；

② 分析企业利润计划的执行情况及利润增减变化的原因；

③ 评价企业经济效益的高低；

④ 判断企业的盈利能力以及未来一定时期内的盈利趋势。

2. 利润表的编制方法

编制利润表主要是把企业在某一经营期间的收入、费用和成本以及由此所配比计算出的盈亏情况报告给信息使用者，所以利润表是一种动态性的报表，它反映的是编报主体在某一期间的经营成果。只有账户的发生额才能反映一定期间的变化情况，因此利润表是以账户的发生额为依据编制的。但不是所有账户的发生额都与利润有关，只有损益类账户(即收入类和费用类账户)所登记的内容，才能计算出本期的利润。所以利润表根据损益类账户的本期发生额编制。

(1) 本月金额的填列方法。

①“营业收入”项目应根据“主营业务收入”和“其他业务收入”账户的本月发生额合计分析填列。

②“营业成本”项目应根据“主营业务成本”和“其他业务成本”账户的本月发生额合计分析填列。

③“税金及附加”“销售费用”“管理费用”“财务费用”“研发费用”“其他收益”“投资收益”“公允价值变动损益”“资产减值损失”“资产处置收益”“营业外支出”“营业外收入”和“所得税费用”这些项目应根据各自总分类账户的发生额分析填列。

所谓的分析填列，指的是各损益类科目余额在结转到“本年利润”科目之前各损益类科目的贷方发生额与借方发生额之间的差额。还有以下几个问题要注意：

“投资收益”项目如果为投资损失，则以“-”填列。

“对联营企业和合营企业的投资收益”项目如果为投资损失，则以“-”填列。

“公允价值变动损益”项目，如果为公允价值变动损失，则以“-”填列。

“资产减值损失” 如果为减值损失，则以“-”填列。

“资产处置收益” 如果为处置损失，则以“-”填列。

④ 报表中的其他项目，包括“营业利润”“利润总额”和“净利润”项目，按照一定的公式计算后填列。如果三者中出现亏损，则以“-”填列。

⑤“基本每股收益”和“稀释每股收益”项目是按不同依据计算的每股收益，反映企业的获利能力。

(2) 本年累计金额的填列方法。

本年累计金额反映各项目自年初起至本月末止的累计实际发生数，其金额等于截止到上月末的累计金额与本月金额之和。

（3）上年金额的填列方法。

在编制年度报表时，应将表中的“本年累计金额”改为“上年金额”，填列上年全年累计实际发生数。如果上年度利润表的项目名称和内容与本年度利润表不一致，应对上年度报表项目的名称和数字按本年度的规定进行调整，填入本表“上年金额”栏。

3. 实训案例：编制利润表

根据资料编制损益表(只填列本月数)。

资料：华月股份有限公司 2023 年 11 月份有关账户发生额见图 4–3。

账户名称	借方	贷方
主营业务收入	3 000	38 000
主营业务成本	15 500	200
销售费用	1 500	
税金及附加	2 000	
其他业务收入	200	8 800
其他业务成本	3 800	200
管理费用	1 000	
财务费用	600	
公允价值变动损益	500	800
投资收益	300	5 200
资产减值损失	500	
资产处置收益	1 500	200
营业外收入		1 000
营业外支出	500	
所得税费用	900	

图 4–3　华月股份公司 2023 年 11 月份有关账户发生额(单位：元)

解答如下：

注意以下几点：

（1）根据损益类账户发生额分析填列。各损益类科目余额在结转到“本年利润”科目之前各损益类科目的贷方发生额与借方发生额之间的差额。

（2）营业收入=主营业务收入+其他业务收入

（3）营业成本=主营业务成本+其他业务成本

（4）“投资收益”项目如果为投资损失，则以“–”填列。

“公允价值变动损益”项目，如果为公允价值变动损失，则以“–”填列。

“资产减值损失” 如果为减值损失，则以“–”填列。

“资产处置收益” 如果为处置损失，则以“–”填列。

根据以上分析填制利润表，见图 4–4。

利润表

编制单位：华月股份有限公司　　2023年11月　　单位：元

项目	本月数	本年累计数
一、营业收入	(38 000+8 800)–(3 000+200)=43 600	
减：营业成本	(15 500+3 800)–(200+200)=18 900	
税金及附加	2 000	
销售费用	500	
管理费用	1 000	
研发费用		
财务费用	600	
加：其他收益		
投资收益（损失以“–”号填列）	5 200–300=4 900	
其中：对联营企业和合营企业的投资收益		
公允价值变动损益（损失以“–”号填列）	800–500=300	
资产减值损失（损失以“–”号填列）	–500	
资产处置收益（损失以“–”号填列）	–1 500+200=–1 300	
二、营业利润（损失以“–”号填列）	24 000	
加：营业外收入	1 000	
减：营业外支出	500	
三、利润总额（损失以“–”号填列）	24 500	
减：所得税费用	900	
四、净利润（损失以“–”号填列）	23 600	
五、其他综合收益的税后净额		
六、综合收益		
七、每股收益		
（一）基本每股收益		
（二）稀释每股收益		

单位负责人：苏锦　　会计主管：李飞　　会计：李名

图 4-4

4.3 本章实训

实训一　资产负债表编制实训

资料：

1. 北华股份有限责任公司 2023 年 8 月 31 日有关总分类账户期末余额见图 4-5。

2. 北华股份有限责任公司 2023 年 8 月 31 日有关总分类账户所属明细账户的期末余额见图 4-6。

单位：元

账户名称	期末余额		账户名称	期末余额	
	借方	贷方		借方	贷方
库存现金	25 000		短期借款		300 000
银行存款	1 050 000		应付票据		120 000
其他货币资金	350 000		应付账款		450 000
交易性金融资产	64 000		预收账款		80 000
应收票据	185 000		其他应付款		2 000
应收账款	800 000		应付职工薪酬		18 000
坏账准备		3 500	应交税费		102 000
预付账款	150 000		应付股利		22 800
其他应收款	5 000		长期借款		1 520 000
材料采购	500 000		应付债券		600 000
原材料	550 000		长期应付款		600 000
低值易耗品	300 000		实收资本		5 000 000
库存商品	280 000		资本公积		301 200
发出商品	20 000		盈余公积		522 000
材料成本差异		15 000	未分配利润		603 000
生产成本	80 000				
存货跌价准备		75 000			
长期股权投资	360 000				
持有至到期投资	260 000				
长期股权投资减值准备		100 000			
长期应收款	50 000				
固定资产	5 800 000				
累计折旧		1 160 000			
工程物资	80 000				
在建工程	360 000				
无形资产	350 000				
累计摊销		100 000			
长期待摊费用	80 000				
递延所得税负债		4 500			

图 4-5　有关总分类账户期末余额

单位：元

总分类账户	明细分类账户	期末余额	
		借方	贷方
应收账款	应收甲公司账款	965 000	
	应收乙公司账款		165 000
应付账款	应付A公司账款		500 000
	应付B公司账款	50 000	
预付账款	预付C公司账款	170 000	
	预付D公司账款		20 000
预收账款	预收E公司账款		100 000
	预收F公司账款	20 000	

图 4-6　有关总分类账户所属明细账户的期末余额

3. 其他资料

（1）“持有至到期投资”账户期末借方余额 260 000 元中，有一年内到期的债券投资 50 000元；

（2）“长期借款”账户期末贷方余额 1 520 000 元中，有一年内到期的借款 500 000 元；

（3）“应付债券”账户期末贷方余额 600 000 元中，有一年内到期的应付债券 400 000元。

【要求】根据上述资料，编制资产负债表，见图 4-7。

资产负债表

编制单位：　　　　　　　　　　　　＿＿＿年＿＿月＿＿日　　　　　　　　　　　　单位：元

资产	年初数	年末数	负债及所有者权益	年初数	年末数
流动资产：			流动负债		
货币资金			短期借款		
交易性金融资产			交易性金额负债		
应收票据			应付票据		
应收账款			应付账款		
预付账款			预收账款		
应收利息			应付职工薪酬		
应收股利			应交税费		
其他应收款			应付利息		
存货			应付股利		
一年内到期的非流动资产			其他应付款		
其他流动资产			一年内到期的非流动负债		
流动资产合计			其他流动负债		
非流动资产			流动负债合计		
可供出售金融资产			非流动负债		
持有至到期投资			长期借款		
长期应收款			应付债券		
长期股权投资			长期应付款		
投资性房地产			专项应付款		
固定资产			预计负债		
在建工程			递延所得税负债		
工程物资			其他非流动负债		
固定资产清理			非流动负债合计		
生产性生物资产			负债合计		
无形资产			所有者权益（或股东权益）：		
开发支出			实收资本（或股本）		
商誉			资本公积		
长期待摊费用			减：库存股		
递延所得税资产			盈余公积		
其他非流动资产			未分配利润		
非流动资产合计			所有者权益合计		
资产总额			负债和所有者权益总计		

单位负责人：　　　　　　　　　　　　会计主管：　　　　　　　　　　　会计：

图 4-7

实训二　利润表编制实训

北华股份有限公司 2023 年 10 月份有关损益类账户结转至本年利润前全年发生额见图 4-8。

要求：根据以上资料编制利润表，见图 4-9。

单位：元

账户名称	借方发生额	贷方发生额
主营业务收入	15 000	5 500 000
主营业务成本	3 070 000	4 000
税金及附加	8 000	
其他业务收入	1 400	90 000
其他业务成本	45 000	500
公允价值变动损益	200	2 000
投资收益	500	10 000
销售费用	5 500	
管理费用	5 500	
财务费用	3 000	
资产减值损失	5 000	300
资产处置收益	3 000	
营业外收入		30 000
营业外支出	5 000	
所得税费用		

图 4-8　有关损益类账户结转至本年利润前全年发生额

利　润　表

单位：__________　　年　月　　单位：元

项目	上年数	本年数
一、营业收入	略	
减：营业成本		
税金及附加		
销售费用		
管理费用		
研发费用		
财务费用		
加：其他收益		
公允价值变动收益（损失以“–”号填列）		
投资收益（损失以“–”号填列）		
资产减值损失（损失以“–”号填列）		
资产处置收益（损失以“–”号填列）		
二、营业利润		
加：营业外收入		
减：营业外支出		
其中：非流动资产处置损失		
三、利润总额（亏损总额以“–”号填列）		
减：所得税费用		
四、净利润（净损失以“–”号填列）		
五、每股收益		
（一）基本每股收益		
（二）稀释每股收益		

单位负责人：　　会计主管：　　会计：

图 4-9

项目五 纳税申报表填制

5.1 知识准备　增值税纳税申报表(适用于一般纳税人)填制

现行制度下，进行增值税纳税申报需要填制主表“增值税纳税申报表(一般纳税人适用)”和以下几张附表：“增值税纳税申报表附列资料(一)”(本期销售情况明细)、“增值税纳税申报表附列资料(二)”(本期进项税额明细)、“增值税纳税申报表附列资料(三)”(服务、不动产和无形资产扣除项目明细)、“增值税纳税申报表附列资料(四)”(税额抵减情况表)、“增值税及附加税费申报表附列资料(五)”(附加税费情况表)、“增值税减免税申报明细表”。填制时先从附列资料(一)开始填起，按照顺序填制好以后，最后进行主表的填制。我们要注意的是每张附表各自都有要反映的情况和具体格式，运用情况较为复杂。中职学校学生掌握起来较为困难。教学过程中教师应选择性地教学，教会学生掌握基本的填制方法。

5.1.1　附列资料的填制

1.“增值税纳税申报表附列资料(一)”(本期销售情况明细)填制

该表主要反映的是应税企业销售情况明细。

(1) 各行说明。

① 第1至5行“一、一般计税方法计税　全部征税项目”各行：按不同税率和项目分别填写按一般计税方法计算增值税的全部征税项目。这是我们要掌握的重点填制内容。

② 第8至12行“二、简易计税方法计税　全部征税项目”各行：按不同征收率和项目分别填写按简易计税方法计算增值税的全部征税项目。

以上各行内容的填写是我们要掌握的重点填制内容，其他行次的内容填写可作为了解内容。

(2) 各列说明。

① 第1至2列“开具增值税专用发票”：反映本期开具增值税专用发票(含税控机动车销售统一发票，下同)的情况。

② 第3至4列“开具其他发票”：反映除增值税专用发票以外本期开具的其他发票的情况。

③ 第5至6列“未开具发票”：反映本期未开具发票的销售情况。

④ 第7至8列“纳税检查调整”：反映经税务、财政、审计部门检查并在本期调整的销售情况。

⑤ 第9至11列“合计”：按照表中所列公式填写。

以上各列内容的填写是我们要掌握的重点填制内容，其他列次的内容填写可作为了解内容。

图表格式样式详见图5-1。

2.“增值税纳税申报表附列资料(二)”(本期进项税额明细)的填制

(1) 第1至12栏“一、申报抵扣的进项税额”：分别反映纳税人按税法规定符合抵扣条件，在本期申报抵扣的进项税额。

① 第1栏“(一)认证相符的增值税专用发票”：反映纳税人取得的认证相符本期申报抵扣的增值税专用发票情况。该栏应等于第2栏“本期认证相符且本期申报抵扣”与第3栏“前期认证相符且本期申报抵扣”数据之和。

② 第2栏“其中：本期认证相符且本期申报抵扣”：反映本期认证相符且本期申报抵扣的增值税专用发票的情况。本栏是第1栏的其中数，本栏只填写本期认证相符且本期申报抵扣的部分。

③ 第3栏“前期认证相符且本期申报抵扣”：反映前期认证相符且本期申报抵扣的增值税专用发票的情况。

纳税人本期申报抵扣的收费公路通行费增值税电子普通发票(以下简称通行费电子发票)应当填写在第1至3栏对应栏次中。

第1至3栏中涉及的增值税专用发票均不包含从小规模纳税人处购进农产品时取得的专用发票，但购进农产品未分别核算用于生产销售13%税率货物和其他货物服务的农产品进项税额情况除外。

④ 第4栏“(二)其他扣税凭证”：反映本期申报抵扣的除增值税专用发票之外的其他扣税凭证的情况。具体包括：海关进口增值税专用缴款书、农产品收购发票或者销售发票(含农产品核定扣除的进项税额)、代扣代缴税收缴款凭证、加计扣除农产品进项税额和其他符合政策规定的扣税凭证。该栏应等于第5至8b栏之和。

⑤ 第5栏“海关进口增值税专用缴款书”：反映本期申报抵扣的海关进口增值税专用缴款书的情况。按规定执行海关进口增值税专用缴款书先比对后抵扣的，纳税人需依据税务机关告知的稽核比对结果通知书及明细清单注明的稽核相符的海关进口增值税专用缴款书填写本栏。

⑥ 第6栏“农产品收购发票或者销售发票”：反映纳税人本期购进农业生产者自产农产品取得(开具)的农产品收购发票或者销售发票情况。从小规模纳税人处购进农产品时取得增值税专用发票情况填写在本栏，但购进农产品未分别核算用于生产销售13%税率货物和其他货物服务的农产品进项税额情况除外。

“税额”栏=农产品销售发票或者收购发票上注明的农产品买价×9%或者增值税专用发票上注明的金额×9%。

上述公式中的“增值税专用发票”是指纳税人从小规模纳税人处购进农产品时取得的专用发票。

执行农产品增值税进项税额核定扣除办法的，填写当期允许抵扣的农产品增值税进项税额，不填写“份数”“金额”。

⑦ 第 7 栏“代扣代缴税收缴款凭证”：填写本期按规定准予抵扣的完税凭证上注明的增值税额。

⑧ 第 8a 栏“加计扣除农产品进项税额”：填写纳税人将购进的农产品用于生产销售或委托受托加工 13%税率货物时加计扣除的农产品进项税额。该栏不填写“份数”“金额”。

⑨ 第 8b 栏“其他”：反映按规定本期可以申报抵扣的其他扣税凭证情况。

纳税人按照规定不得抵扣且未抵扣进项税额的固定资产、无形资产、不动产，发生用途改变，用于允许抵扣进项税额的应税项目，可在用途改变的次月将按公式计算出的可以抵扣的进项税额，填入本栏“税额”中。

旅客根据所乘运输工具取得的火车票、飞机票、汽车票自行计算抵扣的可以抵扣的进项税额，填入本栏“税额”中。

⑩ 第 9 栏“(三)本期用于购建不动产的扣税凭证”：反映按规定本期用于购建不动产的扣税凭证上注明的金额和税额。

购建不动产是指纳税人 2016 年 5 月 1 日后取得并在会计制度上按固定资产核算的不动产或者 2016 年 5 月 1 日后取得的不动产在建工程。取得不动产，包括以直接购买、接受捐赠、接受投资入股、自建以及抵债等各种形式取得不动产，不包括房地产开发企业自行开发的房地产项目。

本栏次包括第 1 栏中本期用于购建不动产的增值税专用发票和第 4 栏中本期用于购建不动产的其他扣税凭证。

⑪ 第 10 栏“(四)本期用于抵扣的旅客运输服务扣税凭证”：反映按规定本期购进旅客运输服务，所取得的扣税凭证上注明或按规定计算的金额和税额。

本栏次包括第 1 栏中按规定本期允许抵扣的购进旅客运输服务取得的增值税专用发票和第 4 栏中按规定本期允许抵扣的购进旅客运输服务取得的其他扣税凭证。

第 9 栏“(三)本期用于购建不动产的扣税凭证”+第 10 栏“(四)本期用于抵扣的旅客运输服务扣税凭证”税额≤第 1 栏“认证相符的增值税专用发票”+第 4 栏“其他扣税凭证”税额。

⑫ 第 11 栏“(五)外贸企业进项税额抵扣证明”：填写本期申报抵扣的税务机关出口退税部门开具的《出口货物转内销证明》列明允许抵扣的进项税额。

⑬ 第 12 栏“当期申报抵扣进项税额合计”：反映本期申报抵扣进项税额的合计数。按表中所列公式计算填写。

(2) 第 13 至 23 栏“二、进项税额转出额”各栏：分别反映纳税人已经抵扣但按规定应在本期转出的进项税额明细情况。

① 第 13 栏“本期进项税额转出额”：反映已经抵扣但按规定应在本期转出的进项税额合计数。按表中所列公式计算填写。

② 第 14 栏“免税项目用”：反映用于免征增值税项目，按规定应在本期转出的进项税额。

③ 第 15 栏“集体福利、个人消费”：反映用于集体福利或者个人消费，按规定应在本期转出的进项税额。

④ 第 16 栏“非正常损失”：反映纳税人发生非正常损失，按规定应在本期转出的进项

税额。

⑤ 第 17 栏“简易计税方法征税项目用”：反映用于按简易计税方法征税项目，按规定应在本期转出的进项税额。

⑥ 第 18 栏“免抵退税办法不得抵扣的进项税额”：反映按照免、抵、退税办法的规定，由于征税税率与退税税率存在税率差，在本期应转出的进项税额。

⑦ 第 19 栏“纳税检查调减进项税额”：反映税务、财政、审计部门检查后而调减的进项税额。

⑧ 第 20 栏“红字专用发票信息表注明的进项税额”：填写增值税发票管理系统校验通过的“开具红字增值税专用发票信息表”注明的在本期应转出的进项税额。

⑨ 第 21 栏“上期留抵税额抵减欠税”：填写本期经税务机关同意，使用上期留抵税额抵减欠税的数额。

⑩ 第 22 栏“上期留抵税额退税”：填写本期经税务机关批准的上期留抵税额退税额。

⑪ 第 23 栏“其他应作进项税额转出的情形”：反映除上述进项税额转出情形外，其他应在本期转出的进项税额。

(3) 第 24 至 34 栏分别反映纳税人已经取得，但按税法规定不符合抵扣条件，暂不予在本期申报抵扣的进项税额情况及按税法规定不允许抵扣的进项税额情况。

(4) 第 35 栏至第 36 栏，分别反映“本期认证相符的增值税专用发票”及“代扣代缴税额”。纳税人本期认证相符的通行费电子发票应当填写在 35 栏次中。

图表格式样式详见图 5-2。

3.“增值税纳税申报表附列资料(三)”(服务、不动产和无形资产扣除项目明细)填写说明

本表由服务、不动产和无形资产有扣除项目增值税纳税人填写。其他纳税人不填写。

(1) 第 1 列“本期服务、不动产和无形资产价税合计额(免税销售额)”：增值税的服务、不动产和无形资产属于征税项目的，填写本期服务、不动产和无形资产价税合计额；

本列各行次等于“附列资料(一)”第 11 列对应行次，其中本列第 3 行和第 4 行之和等于“附列资料(一)”第 11 列第 5 行。

(2) 第 2 列“服务、不动产和无形资产扣除项目”“期初余额”：填写服务、不动产和无形资产扣除项目上期期末结存的金额。本列各行次等于上期“附列资料(三)”第 6 列对应行次。

本列第 4 行“6%税率的金融商品转让项目”“期初余额”年初首期填报时应填“0”。

(3) 第 3 列“服务、不动产和无形资产扣除项目”“本期发生额”：填写本期取得的按税法规定准予扣除的服务、不动产和无形资产扣除项目金额。

(4) 第 4 列“服务、不动产和无形资产扣除项目”“本期应扣除金额”：填写服务、不动产和无形资产扣除项目本期应扣除的金额。

本列各行次=第 2 列对应各行次+第 3 列对应各行次。

(5) 第 5 列“服务、不动产和无形资产扣除项目”“本期实际扣除金额”：填写服务、不动产和无形资产扣除项目本期实际扣除的金额。

本列各行次≤第 4 列对应各行次，且本列各行次≤第 1 列对应各行次。

(6) 第 6 列“服务、不动产和无形资产扣除项目”“期末余额”：填写服务、不动产和无形资产扣除项目本期期末结存的金额。

本列各行次=第 4 列对应各行次-第 5 列对应各行次。

图表格式样式详见图 5-3。

4.“增值税纳税申报表附列资料(四)”(税额抵减情况表)填写说明

税额抵减情况：

第 1 行由发生增值税税控系统专用设备费用和技术维护费的纳税人填写，反映纳税人增值税税控系统专用设备费用和技术维护费按规定抵减增值税应纳税额的情况。

这行是我们要掌握的填写重点，其他行的填写可作为了解内容。

图表格式样式详见图 5-4。

5.“增值税及附加税费申报表附列资料(五)”(附加税费情况表)填写说明

(1) 第 1 列“增值税税额”：填写主表增值税本期应补(退)税额。

(2) 第 2 列“增值税免抵税额”：填写上期经税务机关核准的增值税免抵税额。

(3) 第 3 列“留抵退税本期扣除额”：填写本期因增值税留抵退税扣除的计税依据。

(4) 第 4 列“税(费)率”：填写适用税(费)率。

(5) 第 5 列“本期应纳税(费)额”：填写本期按适用的税(费)率计算缴纳的应纳税(费)额。计算公式为：本期应纳税(费)额=(增值税税额+增值税免抵税额-留抵退税本期扣除额)×税(费)率。

(6) 第 10 列“本期已缴税(费)额”：填写本期应纳税(费)额中已经缴纳的部分。该列不包括本期预缴应补(退)税费情况。

(7) 第 11 列“本期应补(退)税(费)额”：该列次与主表第 39 至 41 栏对应相等。计算公式为：本期应补(退)税(费)额=本期应纳税(费)额-本期减免税(费)额-试点建设培育产教融合型企业本期抵免金额-本期已缴税(费)额。

其他的做一般了解即可。图表格式样式详见图 5-5。

6.“增值税减免税申报明细表”填写说明

(1) 本表由享受增值税减免税优惠政策的增值税一般纳税人和小规模纳税人(以下简称增值税纳税人)填写。仅享受月销售额不超过 10 万元(按季纳税 30 万元)免征增值税政策或未达起征点的增值税小规模纳税人不需填报本表，即小规模纳税人当期“增值税纳税申报表(小规模纳税人适用)”第 12 栏“其他免税销售额”“本期数”和第 16 栏“本期应纳税额减征额”“本期数”均无数据时，不需填报本表。

(2) “一、减税项目”由本期按照税收法律、法规及国家有关税收规定享受减征(包含税额式减征、税率式减征)增值税优惠的增值税纳税人填写。

① “减税性质代码及名称”：根据国家税务总局最新发布的《减免性质及分类表》所列减免性质代码、项目名称填写。同时有多个减征项目的，应分别填写。

② 第 1 列“期初余额”：填写应纳税额减征项目上期“期末余额”，为对应项目上期应抵减而不足抵减的余额。

③ 第 2 列“本期发生额”：填写本期发生的按照规定准予抵减增值税应纳税额的金额。

④ 第 3 列“本期应抵减税额”：填写本期应抵减增值税应纳税额的金额。本列按表中所列公式填写。

⑤ 第 4 列“本期实际抵减税额”：填写本期实际抵减增值税应纳税额的金额。本列各行≤第 3 列对应各行。

一般纳税人填写时，第 1 行“合计”本列数=申报表主表第 23 行“一般项目”列“本月数”。

小规模纳税人填写时，第 1 行“合计”本列数=申报表主表第 16 行“本期应纳税额减征额”“本期数”。

⑥ 第 5 列“期末余额”：按表中所列公式填写。

其他的做一般了解即可。图表格式样式详见图 5-6。

5.1.2 主表的填制

（1）第 1 栏“（一）按适用税率计税销售额”：填写纳税人本期按一般计税方法计算缴纳增值税的销售额，包含：在财务上不作销售但按税法规定应缴纳增值税的视同销售和价外费用的销售额；外贸企业作价销售进料加工复出口货物的销售额；税务、财政、审计部门检查后按一般计税方法计算调整的销售额。

本栏“一般项目”列“本月数”=“附列资料（一）”第 9 列第 1 至 5 行之和-第 9 列第 6、7 行之和；

本栏“即征即退项目”列“本月数”=“附列资料（一）”第 9 列第 6、7 行之和。

（2）第 2 栏“其中：应税货物销售额”：填写纳税人本期按适用税率计算增值税的应税货物的销售额。包含在财务上不作销售但按税法规定应缴纳增值税的视同销售货物和价外费用销售额，以及外贸企业作价销售进料加工复出口货物的销售额。

（3）第 3 栏“应税劳务销售额”：填写纳税人本期按适用税率计算增值税的应税劳务的销售额。

（4）第 11 栏“销项税额”：填写纳税人本期按一般计税方法计税的货物、劳务和服务、不动产、无形资产的销项税额。

本栏“一般项目”列“本月数”=“附列资料（一）”（第 10 列第 1、3 行之和-第 10 列第 6 行）+（第 14 列第 2、4、5 行之和-第 14 列第 7 行）；

本栏“即征即退项目”列“本月数”=“附列资料（一）”第 10 列第 6 行+第 14 列第 7 行。

（5）第 12 栏“进项税额”：填写纳税人本期申报抵扣的进项税额。

本栏“一般项目”列“本月数”+“即征即退项目”列“本月数”=“附列资料（二）”第 12 栏“税额”。

（6）第 13 栏“上期留抵税额”：“本月数”按上一税款所属期申报表第 20 栏“期末留抵税额”“本月数”填写。本栏“一般项目”列“本年累计”不填写。

（7）第 14 栏“进项税额转出”：填写纳税人已经抵扣，但按税法规定本期应转出的进项税额。

本栏“一般项目”列“本月数”+“即征即退项目”列“本月数”=“附列资料（二）”第 13 栏“税额”。

（8）第17栏“应抵扣税额合计”：填写纳税人本期应抵扣进项税额的合计数。按表中所列公式计算填写。

（9）第18栏“实际抵扣税额”：“本月数”按表中所列公式计算填写。本栏“一般项目”列“本年累计”不填写。

（10）第19栏“应纳税额”：反映纳税人本期按一般计税方法计算并应缴纳的增值税额。

（11）第23栏“应纳税额减征额”：填写纳税人本期按照税法规定减征的增值税应纳税额。包含按照规定可在增值税应纳税额中全额抵减的增值税税控系统专用设备费用以及技术维护费。

当本期减征额小于或等于第19栏“应纳税额”与第21栏“简易计税办法计算的应纳税额”之和时，按本期减征额实际填写；当本期减征额大于第19栏“应纳税额”与第21栏“简易计税办法计算的应纳税额”之和时，按本期第19栏与第21栏之和填写。本期减征额不足抵减部分结转下期继续抵减。

（12）第24栏“应纳税额合计”：反映纳税人本期应缴增值税的合计数。按表中所列公式计算填写。

（13）第39栏“城市维护建设税本期应补（退）税额”：填写纳税人按税法规定应当缴纳的城市维护建设税。本栏“一般项目”列“本月数”=“附列资料（五）”第1行第11列。

（14）第40栏“教育费附加本期应补（退）费额”：填写纳税人按规定应当缴纳的教育费附加。本栏“一般项目” 列“本月数”=“附列资料（五）”第2行第11列。

（15）第41栏“地方教育附加本期应补（退）费额”：填写纳税人按规定应当缴纳的地方教育附加。本栏“一般项目” 列“本月数”=“附列资料（五）”第3行第11列。

其他的做一般了解即可。图表格式样式详见图5-7。

5.1.3　实训案例：一般纳税人案例讲解（兼营应税货物及应税服务）

1. 案例资料

例题：新欣股份有限公司，增值税一般纳税人，从事计算机硬件的销售业务并兼营提供技术咨询服务及计算机设备租赁服务，同时自行进行软件开发业务，各项业务分别核算。2023年11月份发生如下业务：

（1）上期留抵税额。

2023年10月30日止，“期末留抵税额”为零。

（2）销售情况。

① 业务一：取得技术咨询服务费，开具防伪税控“增值税专用发票”，销售额50 000元，税率为6%，销项税额3 000元。

② 业务二：出租机械设备，开具“增值税专用发票”，销售额30 000元，税率为13%，销项税额3 900元。

③ 业务三：销售电脑一批，开具防伪税控“增值税专用发票”，销售额40 000元，税率为13%，销项税额5 200元。

④ 业务四：销售电脑配件一批，开具“增值税普通发票”，销售额20 000元，税率为13%，销项税额2 600元。

⑤ 业务五：销售开发的软件产品，开具防伪税控"增值税专用发票"，销售额 12 000 元，税率为 6%，销项税额 720 元。

（3）进项税额的情况。

⑥ 业务六：购进电脑一批，取得防伪税控"增值税专用发票"并认证，金额 5 000 元，税率为 13%，税额 650 元。当月用于为职工发福利。

⑦ 业务七：接受其他纳税人提供的应税服务，取得防伪税控"增值税专用发票"并认证，金额 40 000 元，税率 6%，税额 2 400 元。

⑧ 业务八：取得其他纳税人开具的"货物运输业增值税专用发票" 并认证，金额 3 0000 元，税率 9%，税额 2 700 元。

⑨ 业务九：相关人员出差取得实名制的飞机票两张，金额总计 1 000 元。

⑩ 业务十：取得与开发软件产品相关业务的防伪税控"增值税专用发票"并认证，金额 3 000，可抵扣进项税额 180 元。

⑪ 业务十一：取得高速公路通行费电子普通发票并认证，金额 500 元，增值税税额 15 元。

注：假设该纳税人当月取得的所有需认证的发票均于当月认证且申报抵扣。

（4）支付增值税税控设备技术维护费。

⑫ 向航天信息公司支付增值税税控设备技术维护费价税合计 500 元。

2. 案例详解

（1）首先是企业的分析。

案例中企业同时兼营不同税率的业务，因为各项业务分别核算，那么在填制相关附列资料时就要格外留意不同税率的业务要在同一张报表中不同行次里填写。

此外还要注意行业特点，国家是否在增值税方面有相关的优惠政策，比如本题案例中的企业从事的计算机软件开发行业，享受增值税即征即退的优惠政策。这也就要我们首先关注企业行业特点初衷所在。

（2）附列资料的填制。

填制"增值税纳税申报表"时，我们首先从附列资料填起，首先填附列资料一，主要反映企业销售情况，注意由于兼营不同税率的业务，那么在填制相关附列资料时就要格外留意不同税率的业务要在同一张报表中不同行次里填写。

① 附列资料(一)的填制。

业务一：此业务为现代服务业里的"研发和技术服务"内容，税率为 6%，因此销项税额 3 000 元，属于应税服务范畴。填入附列资料(一)"一般计税方法计税"项目"全部征税项目"下的第 5 行"6%税率"的第 1 列销售额与第 2 列销项(应纳)税额栏里及第 9 列销售额与第 10 列销项(应纳)税额栏里。见图 5-1。

业务二：此业务是典型的有形动产租赁业务，税率为 13%，属于应税服务范畴，填入附列资料(一)"一般计税方法计税"项目"全部征税项目"下的第 2 行"13%税率的服务、不动产和无形资产"的第 1 列销售额与第 2 列销项(应纳)税额栏里及第 9 列销售额与第 10 列(应纳)税额栏里。详见图 5-1。

业务三：属于销售一般货物范畴。将其销售额和销项税额分别填入附列资料(一)"一般计税方法计税"项目"全部征税项目"下的第 1 行"13%税率的货物及加工修理修配劳务"

增值税及附加税费申报表附列资料(一)

(本期销售情况明细)

税款所属时间：2023 年 11 月 1 日至 2023 年 11 月 30 日

纳税人名称：(公章)　新欣股份有限公司　　　　金额单位：元(列至角分)

项目及栏次				开具增值税专用发票		开具其他发票		未开具发票		纳税检查调整		合计			服务、不动产和无形资产扣除项目本期实际扣除金额	扣除后	
				销售额	销项(应纳)税额	销售额	销项(应纳)税额	销售额	销项(应纳)税额	销售额	销项(应纳)税额	销售额	销项(应纳)税额	价税合计		含税(免税)销售额	销项(应纳)税额
				1	2	3	4	5	6	7	8	9=1+3+5+7	10=2+4+6+8	11=9+10	12	13=11-12	14=13÷(100%+税率或征收率)×税率或征收率
一、一般计税方法计税	全部征税项目	13%税率的货物及加工修理修配劳务	1	40 000.00	5 200.00	20 000.00	3 600.00					60 000.00	7 800.00	—	—	—	—
		13%税率的服务、不动产和无形资产	2	30 000.00	3 900.00							30 000.00	3 900.00	33 900.00			
		9%税率的货物及加工修理修配劳务	3											—	—	—	—
		9%税率的服务、不动产和无形资产	4														
		6%税率	5	62 000.00	3 720.00							62 000.00	3 720.00	65 720.00			
	其中：即征即退项目	即征即退货物及加工修理修配劳务	6	—	—	—	—	—	—	—	—	12 000.00	720.00	—	—	—	—
		即征即退服务、不动产和无形资产	7	—	—	—	—	—	—	—	—						

图 5-1　增值税纳税申报表附列资料(一)

二、简易计税方法计税	全部征税项目	6%征收率	8							—	—			—	—	—	—
		5%征收率的货物及加工修理修配劳务	9a							—	—			—	—	—	—
		5%征收率的服务、不动产和无形资产	9b							—	—						
		4%征收率	10							—	—			—	—	—	—
		3%征收率的货物及加工修理修配劳务	11							—	—			—	—	—	—
		3%征收率的服务、不动产和无形资产	12							—	—						
		预征率 %	13a							—	—						
		预征率 %	13b							—	—						
		预征率 %	13c							—	—						
	其中：即征即退项目	即征即退货物及加工修理修配劳务	14	—	—	—	—	—	—	—	—			—	—	—	—
		即征即退服务、不动产和无形资产	15	—	—	—	—	—	—	—	—						
三、免抵退税	货物及加工修理修配劳务		16	—	—		—		—	—	—		—	—	—	—	—
	服务、不动产和无形资产		17	—	—		—		—	—	—		—				—
四、免税	货物及加工修理修配劳务		18				—		—	—	—		—	—	—	—	—
	服务、不动产和无形资产		19	—	—		—		—	—	—		—				—

图 5-1 增值税纳税申报表附列资料(一)(续)

的第 1 列销售额与第 2 列销项(应纳)税额栏里及第 9 列销售额与第 10 列销项(应纳)税额栏里。详见图 5-1。

业务四：属于销售一般货物范畴。由于开的是普票，所以将其销售额和销项税额分别填入附列资料(一)“一般计税方法计税”项目“全部征税项目”下的第 1 行“13%税率的货物及加工修理修配劳务”的第 3 列销售额与第 4 列销项(应纳)税额栏里及第 9 列销售额与第 10 列销项(应纳)税额栏里。详见图 5-1。

业务五：销售自行开发的软件属于销售无形资产范畴。税率为 6%，将这项的销售额和销项税额分别填入附列资料(一)“一般计税方法计税”项目“全部征税项目”下的第 5 行“6%税率”的第 1 列销售额与第 2 列销项(应纳)税额栏里及第 9 列销售额与第 10 列销项(应纳)税额栏里。见图 5-1。

另外，业务五根据规定，如果销售自行开发的软件产品，享受增值税“即征即退”政策，其销售额与销项税额同时在“一般计税方法计税”项目“即征即退项目”下的第 6 行“即征即退货物及加工修理修配劳务”的第 9 列销售额与第 10 列销项(应纳)税额栏里填写。详见图 5-1。

② 附列资料(二)的填制。

附列资料(二)主要反映的是进项税额的情况，注意业务中的进项税额转出业务。

业务六：购进电脑一批，这是典型的购进货物用于职工福利，其中发生的进项税金需要转出。首先接受其他纳税人提供的商品，取得相关的增值税专用发票且本期认证，需要将金额、税金分别填入附列资料(二)“一、申报抵扣的进项税额”下的项目“(一)认证相符的增值税专用发票”第 2 行“本期认证相符且本期申报抵扣”相应的金额与税额栏内，份数 1 份；然后再将税额填入附列资料(二)“二、进项税额转出额”下的项目“集体福利、个人消费”第 15 行的税额栏内。详见图 5-2。

业务七：接受其他纳税人提供的应税服务，取得相关的增值税专用发票且本期认证，这项业务的金额、税金分别填入附列资料(二)“一、申报抵扣的进项税额”下的项目“(一)认证相符的增值税专用发票”第 2 行“本期认证相符且本期申报抵扣”相应的金额与税额栏内，份数 1 份。详见图 5-2。

业务八：取得其他纳税人相关的增值税专用发票且本期认证，这项业务的金额、税金分别填入附列资料(二)“一、申报抵扣的进项税额”下的项目“(一)认证相符的增值税专用发票”第 2 行“本期认证相符且本期申报抵扣”相应的金额与税额栏内，份数 1 份。详见图 5-2。

业务九：相关人员出差取得实名制的飞机票两张，票价来回总计 1 000 元。按照规定，需要自行计算抵扣的增值税。

自行计算抵扣的增值税相应的金额＝票价÷(1+税率)

自行计算抵扣的增值税＝票价－自行计算抵扣的增值税相应的金额

本题自行计算抵扣的增值税相应的金额＝1 000÷1. 09＝917. 43，自行计算抵扣的增值税＝1000－917. 43＝82. 57，将两者分别填入附列资料(二)“一、申报抵扣的进项税额”下的项目“(二)其他扣税凭证”第 8b 行“其他”相应的金额与税额栏内，份数 2 分，同时填入“一、申报抵扣的进项税额”下的项目“(四)本期用于抵扣的旅客运输服务扣税凭证”第 10 行“其他”相应的金额与税额栏内，份数 2 份，详见图 5-2。

增值税及附加税费申报表附列资料(二)				
(本期进项税额明细)				
税款所属时间：2023 年 11 月 1 日至 2023 年 11 月 30 日				
纳税人名称：(公章)新欣股份有限公司				金额单位：元(列至角分)
一、申报抵扣的进项税额				
项目	栏次	份数	金额	税额
(一)认证相符的增值税专用发票	1=2+3	5	78 500.00	5 945.00
其中：本期认证相符且本期申报抵扣	2	5	78 500.00	5 945.00
前期认证相符且本期申报抵扣	3			
(二)其他扣税凭证	4=5+6+7+8a+8b			
其中：海关进口增值税专用缴款书	5	2	917.43	82.57
农产品收购发票或者销售发票	6			
代扣代缴税收缴款凭证	7		—	
加计扣除农产品进项税额	8a	—	—	
其他	8b	2	917.43	82.57
(三)本期用于购建不动产的扣税凭证	9			
(四)本期用于抵扣的旅客运输服务扣税凭证	10	2	917.43	82.57
(五)外贸企业进项税额抵扣证明	11	—	—	
当期申报抵扣进项税额合计	12=1+4+11	7	83 417.43	6 027.57
二、进项税额转出额				
项目	栏次	税额		
本期进项税额转出额	13=14 至 23 之和	650.00		
其中：免税项目用	14			
集体福利、个人消费	15	650.00		
非正常损失	16			

图 5-2 增值税纳税申报表附列资料(二)

简易计税方法征税项目用	17			
免抵退税办法不得抵扣的进项税额	18			
纳税检查调减进项税额	19			
红字专用发票信息表注明的进项税额	20			
上期留抵税额抵减欠税	21			
上期留抵税额退税	22			
异常凭证转出进项税额	23a			
其他应作进项税额转出的情形	23b			
三、待抵扣进项税额				
项目	栏次	份数	金额	税额
（一）认证相符的增值税专用发票	24	—	—	—
期初已认证相符但未申报抵扣	25			
本期认证相符且本期未申报抵扣	26			
期末已认证相符但未申报抵扣	27			
其中：按照税法规定不允许抵扣	28			
（二）其他扣税凭证	29=30至33之和			
其中：海关进口增值税专用缴款书	30			
农产品收购发票或者销售发票	31			
代扣代缴税收缴款凭证	32		—	
其他	33			
	34			
四、其他				
项目	栏次	份数	金额	税额
本期认证相符的增值税专用发票	35	5	78500.00	5945.00
代扣代缴税额	36	—	—	

图5-2　增值税纳税申报表附列资料（二）（续）

业务十：取得开发软件产品相关的可抵扣增值税发票且认证相符，这项业务的金额、税金分别填入附列资料(二)“一、申报抵扣的进项税额”下的项目“(一)认证相符的增值税专用发票”第2行“本期认证相符且本期申报抵扣”相应的金额与税额栏内，份数1份。详见图5-2。

业务十一：取得高速公路通行费电子普通发票，金额500元，增值税税额15元。按照规定取得高速公路通行费电子普通发票，可按照发票列明的税额作为当期可以抵扣的增值税。所以这项业务的金额、税金分别填入附列资料(二)“一、申报抵扣的进项税额”下的项目“(一)认证相符的增值税专用发票”第2行“本期认证相符且本期申报抵扣”相应的金额与税额栏内，份数1份。详见图5-2。

③ 附列资料(三)的填制。

附列资料(三)主要反映服务、不动产和无形资产扣除项目情况。

本表根据附列资料(一)中服务、不动产和无形资产项目填写。服务、不动产和无形资产项目本期扣除内容没有发生，不用填写。附列资料(一)中发生服务、不动产和无形资产项目，只有业务一税率6%的技术咨询服务、业务二税率13%的有形动产租赁、业务五的销售软件，填写时价税加在一起填写。详见图5-3。

增值税及附加税费申报表附列资料(三)

(服务、不动产和无形资产扣除项目明细)

税款所属时间：2023 年 11 月 1 日至 2023 年 11 月 30 日

纳税人名称：(公章) 新欣股份有限公司　　　　金额单位：元(列至角分)

项目及栏次		本期服务、不动产和无形资产价税合计额(免税销售额)	服务、不动产和无形资产扣除项目				
			期初余额	本期发生额	本期应扣除金额	本期实际扣除金额	期末余额
		1	2	3	4=2+3	5(5≤1且5≤4)	6=4-5
13%税率的项目	1	33 900.00					
9%税率的项目	2						
6%税率的项目(不含金融商品转让)	3	65 720.00					
6%税率的金融商品转让项目	4						
5%征收率的项目	5						
3%征收率的项目	6						
免抵退税的项目	7						
免税的项目	8						

图5-3　增值税纳税申报表附列资料(三)

④ 附列资料(四)的填制。

附列资料(四)主要反映税额抵减情况。我们常见的就是增值税税控系统专用设备费用及技术维护费按规定抵减增值税应纳税额的情况。

根据相关规定，首次购进增值税税控系统专用设备费用可全部抵减，每年向航天信息公司或百旺金赋公司支付增值税税控系统专用设备技术维护费可全部抵减。

本案例中向航天信息公司支付增值税税控系统专用设备技术维护费可全额抵减。只在第1行的“本期发生额”“本期应抵减税额”和“本期实际抵减额”中如数填制。详见图5-4。

增值税及附加税费申报表附列资料（四）						
（税额抵减情况表）						
税款所属时间： 2023年11月1日至2023年11月30日						
纳税人公章：新欣股份有限公司					金额单位：元（列至角分）	
一、税额抵减情况						
序号	抵减项目	期初余额	本期发生额	本期应抵减税额	本期实际抵减税额	期末余额
		1	2	3=1+2	4≤3	5=3-4
1	增值税税控系统专用设备费及技术维护费		500.00	500.00	500.00	
2	分支机构预征缴纳税款					
3	建筑服务预征缴纳税款					
4	销售不动产预征缴纳税款					
5	出租不动产预征缴纳税款					

二、加计抵减情况							
序号	加计抵减项目	期初余额	本期发生额	本期调减额	本期可抵减额	本期实际抵减额	期末余额
		1	2	3	4=1+2-3	5	6=4-5
6	一般项目加计抵减额计算						
7	即征即退项目加计抵减额计算						
8	合计						

图 5-4　增值税纳税申报表附列资料(四)

⑤ 附列资料五的填制。

主要反映增值税及附加税费申报。此数据为主表中增值税 34 行本期应补(退)税额，所以暂时不填，等主表该数据填好后直接抄过来，结合相关的附加税的税率填写该表。本题根据主表 34 行本期应补(退)税额，包括一般项目下本月数和即征即退栏下本月数减去 35 行即征即退栏下的数据。见图 5-5。

增值税及附加税费申报表附列资料（五）												
（附加税费情况表）												
税（费）款所属时间：2023年11月1日至2023年11月30日												
纳税人名称：新欣股份有限公司											金额单位：元（列至角分）	
税（费）种		计税（费）依据			税（费）率（%）	本期应纳税（费）额	本期减免税（费）额		试点建设培育产教融合型企业		本期已缴税（费）额	本期应补（退）税（费）额
		增值税税额	增值税免抵税额	留抵退税本期扣除额			减免性质代码	减免税（费）额	减免性质代码	本期抵免金额		
		1	2	3	4	5=（1+2-3）×4	6	7	8	9	10	11=5-7-9-10
城市维护建设税	1	9 362.43			7	655.37			—	—		655.37
教育费附加	2	9 362.43			3	280.87						280.87
地方教育附加	3	9 362.43			2	187.25						187.25
合计	4	—	—	—	—	1 123.49	—		—			1 123.49
本期是否适用试点建设培育产教融合型企业抵免政策					□是 □否	当期新增投资额				5		
						上期留抵可抵免金额				6		
						结转下期可抵免金额				7		
可用于扣除的增值税留抵退税额使用情况						当期新增可用于扣除的留抵退税额				8		
						上期结存可用于扣除的留抵退税额				9		
						结转下期可用于扣除的留抵退税额				10		

图 5-5　增值税纳税申报表附列资料(五)

⑥ 增值税减免税申报明细表。

该表主要反映增值税减免税申报明细情况。

我们常见的就是增值税税控系统专用设备费用及技术维护费按规定抵减增值税应纳税额的情况。但是要选择相关文件加以说明。填制时选好文件后，从第 2 行填起，在第 1 行的“本期发生额”“本期应抵减额”“本期实际抵减额”中如数填制，详见图 5-6。

增值税减免税申报明细表						
税款所属时间：自 2023 年 11 月 1 日至 2023 年 11 月 30 日						
纳税人名称：(公章)	新欣股份有限公司				金额单位：元(列至角分)	
一、减税项目						
减税性质代码及名称	栏次	期初余额	本期发生额	本期应抵减税额	本期实际抵减税额	期末余额
		1	2	3=1+2	4≤3	5=3-4
合计	1					
01129914《财政部关于增值税税控专用设备和技术维护费抵减增值税税额有关政策的通知》财税（2012）15号	2		500.00	500.00	500.00	
	3					
	4					
	5					
	6					
二、免税项目						
免税性质代码及名称	栏次	免征增值税项目	免税销售额扣除项目	扣除后免税销售额	免税销售额对应的进项税额	免税额
		1	2	3=1-2	4	5
合 计	7					
出口免税	8		—	—	—	
其中：跨境服务	9		—	—	—	
	10				—	
	11				—	

图 5-6　增值税减免税申报明细表

(3) 主表的填制。

① 第 1 栏“(一) 按适用税率计税销售额”：

本题第 1 栏“(一) 按适用税率计税销售额”的“一般项目”列“本月数”= 全部销售额-“即征即退项目”销售额 = (50 000+30 000+40 000+20 000+12 000) -12 000 = 140 000。

本题第 1 栏“(一) 按适用税率计税销售额”的“即征即退项目”列“本月数”=“即征即退项目”销售额 = 12 000。详见图 5-7。

② 第 2 栏“其中：应税货物销售额”：填写纳税人本期按适用税率计算增值税的应税货物的销售额。

本题第 2 栏“其中：应税货物销售额”的“一般项目”列“本月数”= 全部应税货物销售额-“即征即退项目”应税货物销售额 = 40 000+20 000 = 60 000。

本题第 2 栏“其中：应税货物销售额”的“即征即退项目”列“本月数”=“即征即退项目”应税货物销售额 = 12 000。详见图 5-7。

③ 第 3 栏“应税劳务销售额”：填写纳税人本期按适用税率计算增值税的应税劳务的销售额。

本题没有发生劳务，故第 3 栏“应税劳务销售额”的“一般项目”列“本月数”不用填。详见图 5-7。

④ 第 11 栏“销项税额”：

本题第 11 栏“销项税额”的“一般项目”列“本月数”=全部销项税额-“即征即退项目”销项税额=(3 000+3 900+5 200+2 600+720)-720=14 700。

本题第 11 栏“销项税额”的“即征即退项目”列“本月数”=“即征即退项目”销项税额=720。详见图 5-7。

⑤ 第 12 栏“进项税额”：填写纳税人本期申报抵扣的进项税额。

本题第 12 栏“进项税额”的“一般项目”列“本月数”=全部进项税额-“即征即退项目”进项税额=6 027.57-180=5 847.57。

本题第 12 栏“进项税额”的“即征即退项目”列“本月数”=“即征即退项目”进项税额=180。详见图 5-7。

⑥ 第 14 栏“进项税额转出”：填写纳税人已经抵扣，但按税法规定本期应转出的进项税额。

本题第 14 栏“进项税额转出”的“一般项目”列“本月数”=附列资料(二)第 13 栏“税额”=650。详见图 5-7。

⑦ 第 17 栏“应抵扣税额合计”：填写纳税人本期应抵扣进项税额的合计数。按表中所列公式计算填写。

本题第 17 栏“应抵扣税额合计”的“一般项目”列“本月数”=“一般项目”列进项税额-“一般项目”列进项税额转出=5 847.57-650=5 197.57。

本题第 17 栏“应抵扣税额合计”的“即征即退项目”列“本月数”=“即征即退项目”列进项税额-“即征即退项目”列进项税额转出=180。详见图 5-7。

⑧ 第 18 栏“实际抵扣税额”：“本月数”按表中所列公式计算填写。

本题第 18 栏“实际抵扣税额”的“一般项目”列“本月数”=第 17 栏“应抵扣税额合计”的“一般项目”列“本月数”=5 197.57。

本题第 18 栏“实际抵扣税额”的“即征即退项目”列“本月数”=第 17 栏“应抵扣税额合计”的“即征即退项目”列“本月数”=180。详见图 5-7。

⑨ 第 19 栏“应纳税额”：反映纳税人本期按一般计税方法计算并应缴纳的增值税额。按表中公式计算。

本题第 19 栏“应纳税额”的“一般项目”列“本月数”=14 700-5 197.57=9 502.43。

本题第 19 栏“应纳税额”的“即征即退项目”列“本月数”=720-180=540。详见图 5-7。

⑩ 第 23 栏“应纳税额减征额”：填写纳税人本期按照税法规定减征的增值税应纳税额。包含按照规定可在增值税应纳税额中全额抵减的增值税税控系统专用设备费用以及技术维护费。

本题第 23 栏“应纳税额减征额”的“一般项目”列“本月数”=增值税应纳税额中全额抵减的增值税税控系统专用设备费用以及技术维护费=500。详见图 5-7。

⑪ 第 24 栏“应纳税额合计”：反映纳税人本期应缴增值税的合计数。按表中所列公式计算填写。

本题第 24 栏“应纳税额合计”的“一般项目”列“本月数”=9 502.43-500=9 002.43。

本题第 24 栏“应纳税额合计”的“即征即退项目”列“本月数”=540。详见图 5-7。

增值税及附加税费申报表

（一般纳税人适用）

根据国家税收法律法规及增值税相关规定制定本表。纳税人不论有无销售额，均应按税务机关核定的纳税期限填写本表，并向当地税务机关申报。

税款所属时间：自 2023 年 11 月 1 日至 2023 年 11 月 30 日　　填表日期：2023 年 11 月 30 日　　金额单位：元(列至角分)

纳税人识别号(统一社会信用代码)				所属行业：		
纳税人名称：新欣股份有限公司	法定代表人姓名		注册地址		生产经营地址	
开户银行及账号		登记注册类型			电话号码	

项目		栏次	一般项目		即征即退项目	
			本月数	本年累计	本月数	本年累计
销售额	(一)按适用税率计税销售额	1	140 000. 00		12 000. 00	
	其中：应税货物销售额	2	60 000. 00		12 000. 00	
	应税劳务销售额	3				
	纳税检查调整的销售额	4				
	(二)按简易办法计税销售额	5				
	其中：纳税检查调整的销售额	6				
	(三)免、抵、退办法出口销售额	7			—	—
	(四)免税销售额	8			—	—
	其中：免税货物销售额	9			—	—
	免税劳务销售额	10			—	—
税款计算	销项税额	11	14 700. 00		720. 00	
	进项税额	12	5 847. 57		180. 00	
	上期留抵税额	13				—
	进项税额转出	14	650. 00			
	免、抵、退应退税额	15			—	—
	按适用税率计算的纳税检查应补缴税额	16			—	—
	应抵扣税额合计	17=12+13-14-15+16	5 197. 57	—	180. 00	—
	实际抵扣税额	18(如 17<11，则为 17，否则为 11)	5 197. 57		180. 00	
	应纳税额	19=11-18	9 502. 43		540. 00	
	期末留抵税额	20=17-18				—

图 5-7　增值税纳税申报表

税款计算	简易计税办法计算的应纳税额	21				
	按简易计税办法计算的纳税检查应补缴税额	22			—	—
	应纳税额减征额	23	500.00			
	应纳税额合计	24=19+21-23	9 002.43		540.00	
税款缴纳	期初未缴税额(多缴为负数)	25				
	实收出口开具专用缴款书退税额	26			—	—
	本期已缴税额	27=28+29+30+31				
	①分次预缴税额	28		—		—
	②出口开具专用缴款书预缴税额	29		—	—	—
	③本期缴纳上期应纳税额	30				
	④本期缴纳欠缴税额	31				
	期末未缴税额(多缴为负数)	32=24+25+26-27	9 002.43		540.00	
	其中：欠缴税额(≥0)	33=25+26-27		—		—
	本期应补(退)税额	34=24-28-29	9 002.43	—	540.00	—
	即征即退实际退税额	35	—	—	180.00	
	期初未缴查补税额	36			—	—
	本期入库查补税额	37			—	—
	期末未缴查补税额	38=16+22+36-37			—	—
附加税费	城市维护建设税本期应补(退)税额	39	655.37		—	—
	教育费附加本期应补(退)费额	40	280.87		—	—
	地方教育附加本期应补(退)费额	41	187.25		—	—

声明：此表是根据国家税收法律法规及相关规定填写的，本人(单位)对填报内容(及附带资料)的真实性、可靠性、完整性负责。

纳税人(签章)：　　年　月　日

经办人： 经办人身份证号： 代理机构签章： 代理机构统一社会信用代码：	受理人： 受理税务机关(章)：　　受理日期：　年　月　日

图 5-7　增值税纳税申报表(续)

⑫ 第 32 栏“期末未缴税额(多缴为负数)”：“本月数”反映纳税人本期期末应缴未缴的增值税额，但不包括纳税检查应缴未缴的税额。按表中所列公式计算填写。

本题第 32 栏“应纳税额合计” 的“一般项目”列“本月数”=9 502.43-500=9 002.43。

本题第 32 栏“应纳税额合计”的“即征即退项目”列“本月数”=540。详见图 5-7。

⑬ 第 34 栏“本期应补(退)税额”：反映纳税人本期应纳税额中应补缴或应退回的数额。按表中所列公式计算填写。

本题第 34 栏“应纳税额合计” 的“一般项目”列“本月数”=9 502.43-500=9 002.43。

本题第 34 栏“应纳税额合计”的“即征即退项目”列“本月数”=540。详见图 5-7。

⑭ 第 35 栏“即征即退实际退税额”：反映纳税人本期因符合增值税即征即退政策规定，而实际收到的税务机关退回的增值税额。根据相关政策增值税一般纳税人销售其自行开发生产的软件产品，按 6%税率征收增值税后，对其增值税实际税负超过 3%的部分实行即征即退政策。

本题第 35 栏“即征即退实际退税额”的“即征即退项目”列“本月数”=销售自行开发软件产品应交增值税-销售自行开发软件产品销售额×3%=(720-180)-12 000×3%=540-360=180。详见图 5-7。

⑮ 第 39 栏“城市维护建设税本期应补(退)税额”：填写纳税人按税法规定应当缴纳的城市维护建设税。本栏“一般项目”列“本月数”=附列资料(五)第 1 行第 11 列。

本题第 39 栏“一般项目”列“本月数”=附列资料(五)第 1 行第 11 列=(9 002.43+540-180)×0.07=655.37。详见图 5-7。

⑯ 第 40 栏“教育费附加本期应补(退)费额”：填写纳税人按规定应当缴纳的教育费附加。本栏“一般项目” 列“本月数”=附列资料(五)第 2 行第 11 列。

本题第 40 栏“一般项目”列“本月数”=附列资料(五)第 2 行第 11 列=(9 002.43+540-180)×0.03=280.87。详见图 5-7。

⑰ 第 41 栏“地方教育附加本期应补(退)费额”：填写纳税人按规定应当缴纳的地方教育附加。本栏“一般项目” 列“本月数”=附列资料(五)第 3 行第 11 列。

本题第 41 栏“一般项目”列“本月数”=附列资料(五)第 3 行第 11 列=(9 002.43+540-180)×0.02=187.25。详见图 5-7。

5.2 知识准备　企业所得税纳税申报表(适用于一般纳税人)填制

5.2.1　企业类型

在缴纳企业所得税时，国家税务总局及相关部门会根据认定的企业标准，在给予税收的优惠上有所区别，比如高新技术企业、小微企业等，这里我们重点介绍小微企业所得税纳税申报表(适用于一般纳税人)填表说明。

1. 小微企业标准

从事国家非限制和禁止行业，且同时符合年度应纳税所得额不超过 300 万元、从业人数不超过 300 人、资产总额不超过 5 000 万元等三个条件的企业。

2. 小微企业所得税纳税申报优惠政策

其中，自 2023 年 1 月 1 日至 2024 年 12 月 31 日，对小微企业年应纳税所得额不超过 100 万元的部分，减按 25%计入应纳税所得额，按 20%的税率缴纳企业所得税；对年应纳税所得额超过 100 万元但不超过 300 万元的部分，减按 25%计入应纳税所得额，按 20%的税率缴纳企业所得税。

3. 小微企业所得税纳税计算

【例题 5-1】 A 企业为小微企业，2023 年第一季度应纳税所得额为 50 万元，第二季度应纳税所得额为 150 万元，其实际应纳税所得税额和减免税额的计算方法是什么？

解析：2023 年第一季度预缴企业所得税时，A 企业实际应纳税所得税额＝50 万元×25%×20%＝2. 5 万元；减免税额＝50 万元×25%−2. 5 万元＝10 万元。

第二季度预缴企业所得税时，相应的累计应纳税所得额为 150 万元，那么 A 企业实际应纳税所得税额＝100 万元×25%×20%＋(150 万元−100 万元)×25%×20%＝5 万元+2. 5 万元＝7. 5 万元；减免税额＝150 万元×25%−7. 5 万元＝30 万元。

5. 2. 2　小微企业《中华人民共和国企业所得税月(季)度预缴纳税申报表(A 类)》填报说明

下面我们仅就小微企业填报的实际内容做主要介绍。

1. 适用范围

本表适用于实行查账征收企业所得税的居民企业纳税人(以下简称“纳税人”)在月(季)度预缴纳税申报时填报。

2. 表头项目

(1) 税款所属期间。

① 月(季)度预缴纳税申报。

正常经营的纳税人，填报税款所属期月(季)度第一日至税款所属期月(季)度最后一日；年度中间开业的纳税人，在首次月(季)度预缴纳税申报时，填报开始经营之日至税款所属月(季)度最后一日，以后月(季)度预缴纳税申报时按照正常情况填报；年度中间终止经营活动的纳税人，在终止经营活动当期纳税申报时，填报税款所属期月(季)度第一日至终止经营活动之日，以后月(季)度预缴纳税申报时不再填报。

② 年度纳税申报。

填报税款所属年度 1 月 1 日至 12 月 31 日。

(2) 纳税人识别号(统一社会信用代码)。

填报税务机关核发的纳税人识别号或有关部门核发的统一社会信用代码。

(3) 纳税人名称。

填报营业执照、税务登记证等证件载明的纳税人名称。

3. 优惠及附报事项信息

本项下所有项目按季度填报。按月申报的纳税人，在季度最后一个所属期的月份填报。

（1）从业人数。

必报项目。

纳税人填报第一季度至税款所属季度各季度的季初、季末、季度平均从业人员的数量。季度中间开业的纳税人，填报开业季度至税款所属季度各季度的季初、季末从业人员的数量，其中开业季度“季初”填报开业时从业人员的数量。季度中间停止经营的纳税人，填报第一季度至停止经营季度各季度的季初、季末从业人员的数量，其中停止经营季度“季末”填报停止经营时从业人员的数量。“季度平均值”填报截至本税款所属期末从业人员数量的季度平均值，计算方法如下：

各季度平均值=（季初值+季末值）÷2

截至本税款所属期末季度平均值=截至本税款所属期末各季度平均值之和÷相应季度数

年度中间开业或者终止经营活动的，以其实际经营期计算上述指标。

从业人数是指与企业建立劳动关系的职工人数和企业接受的劳务派遣用工人数之和。汇总纳税企业总机构填报包括分支机构在内的所有从业人数。

（2）资产总额（万元）。

必报项目。

纳税人填报第一季度至税款所属季度各季度的季初、季末、季度平均资产总额的金额。季度中间开业的纳税人，填报开业季度至税款所属季度各季度的季初、季末资产总额的金额，其中开业季度“季初”填报开业时资产总额的金额。季度中间停止经营的纳税人，填报第一季度至停止经营季度各季度的季初、季末资产总额的金额，其中停止经营季度“季末”填报停止经营时资产总额的金额。“季度平均值”填报截至本税款所属期末资产总额金额的季度平均值，计算方法如下：

各季度平均值=（季初值+季末值）÷2

截至本税款所属期末季度平均值=截至本税款所属期末各季度平均值之和÷相应季度数

年度中间开业或者终止经营活动的，以其实际经营期计算上述指标。填报单位为人民币万元，保留小数点后 2 位。

（3）国家限制或禁止行业。

必报项目。

纳税人从事行业为国家限制或禁止行业的，选择“是”；其他选择“否”。

（4）小型微利企业。

必报项目。

本纳税年度截至本期末的从业人数季度平均值不超过 300 人、资产总额季度平均值不超过 5 000 万元、本表“国家限制或禁止行业”选择“否”且本期本表第 10 行“实际利润额\按照上一纳税年度应纳税所得额平均额确定的应纳税所得额”不超过 300 万元的纳税人，选择“是”；否则选择“否”。

（5）附报事项。

纳税人根据《企业所得税申报事项目录》，发生符合税法相关规定的支持新型冠状病毒感染的肺炎疫情防控捐赠支出、扶贫捐赠支出、软件集成电路企业优惠政策适用类型等特定事项时，填报事项名称、该事项本年累计享受金额或选择享受优惠政策的有关信息。同时发生多个事项，可以增加行次。

4. 预缴税款计算

(1) 第 1 行“营业收入”：填报纳税人截至本税款所属期末，按照国家统一会计制度规定核算的本年累计营业收入。

如：以前年度已经开始经营且按季度预缴纳税申报的纳税人，第二季度预缴纳税申报时本行填报本年 1 月 1 日至 6 月 30 日期间的累计营业收入。

(2) 第 2 行“营业成本”：填报纳税人截至本税款所属期末，按照国家统一会计制度规定核算的本年累计营业成本。

(3) 第 3 行“利润总额”：填报纳税人截至本税款所属期末，按照国家统一会计制度规定核算的本年累计利润总额。

(4) 第 10 行“实际利润额＼按照上一纳税年度应纳税所得额平均额确定的应纳税所得额”：预缴方式为“按照实际利润额预缴”的纳税人，根据本表相关行次计算结果填报，第 10 行＝第 3+4-5-6-7-8-9 行；预缴方式为“按照上一纳税年度应纳税所得额平均额预缴”的纳税人，填报按照上一纳税年度应纳税所得额平均额计算的本年累计金额。

(5) 第 11 行“税率(25%)”：填报 25%。

(6) 第 12 行“应纳所得税额”：根据相关行次计算结果填报。第 12 行＝第 10×11 行，且第 12 行≥0。

(7) 第 13 行“减免所得税额”：根据相关行次计算结果填报。根据《企业所得税申报事项目录》，在第 13.1 行、第 13.2 行……填报税收规定的减免所得税额优惠事项的具体名称和本年累计金额。发生多项且根据税收规定可以同时享受的优惠事项，可以增加行次，但每个事项仅能填报一次。

(8) 第 14 行“本年实际已缴纳所得税额”：填报纳税人按照税收规定已在此前月(季)度申报预缴企业所得税的本年累计金额。

(9) 第 16 行“本期应补(退)所得税额＼税务机关确定的本期应纳所得税额”：按照不同预缴方式，分情况填报：

预缴方式为“按照实际利润额预缴”以及“按照上一纳税年度应纳税所得额平均额预缴”的纳税人，根据本表相关行次计算填报。第 16 行＝第 12-13-14-15 行，当第 12-13-14-15 行<0 时，本行填 0。

图表格式样式详见图 5-10。

5.2.3 小微企业所得税纳税申报表(适用于一般纳税人)填表案例

【例题 5-2】 河北高捷纺织有限责任公司是一家小微企业，纳税人识别号 137502034554000806，2023 年第一季度季度初从业人数 20 人，第一季度季度末从业人数 20 人；第一季度初资产总额 1 139.24 万元，第一季度末资产总额 1 166.05 万元；营业收入 1 581 000.00 元，营业成本 914 787.00 元，利润总额 98 209.18 元，应缴纳所得税 24 552.30元，减免所得税 19 641.84 元，实际缴纳所得税 4 910.46 元。

第二季度有关资料见图 5-8、图 5-9。2023 年第二季度初从业人数 20 人，第二季度末从业人数 30 人；第二季度初资产总额 1 166. 05 万元，第二季度末资产总额 1 115. 51 万元。要求：编制第二季度企业所得税纳税申报表(适用于一般纳税人)。

2023年第二季度前两个月损益类科目发生额明细表						
日期：2023-06-30						
总账科目	2023年4月		2023年5月		本季度前两个月累计发生额	
	借方发生额	贷方发生额	借方发生额	贷方发生额	借方发生额	贷方发生额
主营业务收入		841 200.00		842 400.00		1 683 600.00
其他业务收入						
营业外收入						
主营业务成本	705 942.71		711 224.72		1 417 167.43	
其他业务成本						
税金及附加	941.11		931.11		1 872.22	
销售费用	29 170.67		25 170.67		54 341.34	
管理费用	72 373.11		72 373.11		144 746.22	
营业外支出						
合计	808 427.60	841 200.00	809 699.61	842 400.00	1 618 127.21	1 683 600.00

图 5-8　第二季度前两个月损益类科目发生额明细表

小企业会计准则利润表			
编制单位：河北高捷纺织有限责任公司 2023年06月			会小企02表
			单位：元
项目	行次	本年累计金额	本期金额
一、营业收入	1		1 054 000.00
减：营业成本	2		609 858.00
税金及附加	3		861.11
销售费用	4		25 170.67
管理费用	5		72 373.11
财务费用	6		
加：投资收益（投资损失以“-”号填列）	7		
	8		
二、营业利润（亏损以“-”号填列）	9		345 737.11
加：营业外收入	10		3 292.00
减：营业外支出	11		10 717.68
三、利润总额（亏损以“-”号填列）	12		338 857.43
减：所得税费用	13		
四、净利润（净亏损以“-”号填列）	14		338 857.43

图 5-9　第二季度 6 月份利润表

填制分析：

1. 表头项目

(1) 税款所属期间。

本题申报的是第二季度的企业所得税纳税申报表，所以税款所属期间：自 2023 年 04 月 01 日至 2023 年 06 月 30 日。

（2）纳税人识别号（统一社会信用代码）。

纳税人识别号 137502034554000806。

（3）纳税人名称。

纳税人名称：河北高捷纺织有限责任公司

2. 优惠及附报事项信息

（1）从业人数。

各季度平均值=（季初值+季末值）÷2

截至本税款所属期末季度平均值=截至本税款所属期末各季度平均值之和÷相应季度数

本题第二季度平均值=（20+30）÷2=25

本题截至本税款所属期末季度平均值=[（20+20）÷2+25]÷2=22.5

（2）资产总额（万元）。

各季度平均值=（季初值+季末值）÷2

截至本税款所属期末季度平均值=截至本税款所属期末各季度平均值之和÷相应季度数

本题第二季度平均值=（1 166.05+1 115.51）÷2=1 140.78 万元

本题截至本税款所属期末季度平均值=[（1 139.24+1 166.05）÷2+1 140.78]÷2=1 146.72万元

（3）国家限制或禁止行业。

本题选择“否”。

（4）小型微利企业。

本题本纳税年度截至本期末的从业人数季度平均值不超过 300 人、资产总额季度平均值不超过 5 000 万元、本表“国家限制或禁止行业”选择“否”且本期本表第 10 行“实际利润额\按照上一纳税年度应纳税所得额平均额确定的应纳税所得额”不超过 300 万元的纳税人，选择“是”。

3. 预缴税款计算

（1）第 1 行“营业收入”：填报纳税人截至本税款所属期末，按照国家统一会计制度规定核算的本年累计营业收入。

本题=第一季度“营业收入”+第二季度“营业收入”=1 581 000.00+（1 683 600.00+1 054 000.00）=4 318 600.00。详见图 5-10 所示。

（2）第 2 行“营业成本”：填报纳税人截至本税款所属期末，按照国家统一会计制度规定核算的本年累计营业成本。

本题=第一季度“营业成本”+第二季度“营业成本”=914 787.00+（1 417 167.43+609 858.00）=2 941 812.43。详见图 5-10 所示。

（3）第 3 行“利润总额”：填报纳税人截至本税款所属期末，按照国家统一会计制度规定核算的本年累计利润总额。

本题=第一季度“利润总额”+第二季度“利润总额”=98 209.18+（1 683 600-1 618 127.21）+338 857.43=502 539.40。详见图 5-10。

A200000

中华人民共和国企业所得税月(季)度预缴纳税申报表(A类)

税款所属期间：2023年04月01日至2023年06月30日

纳税人识别号(统一社会信用代码)：137502034554000806

纳税人名称：河北高捷纺织有限责任公司　　　　金额单位：人民币元(列至角分)

优惠及附报事项有关信息									
项目	一季度		二季度		三季度		四季度		季度平均值
	季初	季末	季初	季末	季初	季末	季初	季末	
从业人数	20	20	20	30					22.5
资产总额(万元)	1 139.24	1 166.05	1 166.05	1 115.51					1 146.72
国家限制或禁止行业	□是 ☑否				小型微利企业				☑是 □否
	附报事项名称								金额或选项
事项1	(填写特定事项名称)								
事项2	(填写特定事项名称)								
预缴税款计算									本年累计
1	营业收入								4 318 600.00
2	营业成本								2 941 812.43
3	利润总额								502 539.40
4	加：特定业务计算的应纳税所得额								
5	减：不征税收入								
6	减：资产加速折旧、摊销(扣除)调减额(填写A201020)								
7	减：免税收入、减计收入、加计扣除(7.1+7.2+…)								
7.1	(填写优惠事项名称)								
7.2	(填写优惠事项名称)								
8	减：所得减免(8.1+8.2+…)								
8.1	(填写优惠事项名称)								
8.2	(填写优惠事项名称)								
9	减：弥补以前年度亏损								

图5-10　企业所得税纳税申报表(适用于一般纳税人)填表

10	实际利润额(3+4-5-6-7-8-9)\ 按照上一纳税年度应纳税所得额平均额确定的应纳税所得额		502 539. 40
11	税率(25%)		0. 25
12	应纳所得税额(10×11)		125 634. 85
13	减：减免所得税额(13. 1+13. 2+…)		100 507. 88
13. 1	(填写优惠事项名称)		100 507. 88
13. 2	(填写优惠事项名称)		
14	减：本年实际已缴纳所得税额		4 910. 46
15	减：特定业务预缴(征)所得税额		20 216. 51
16	本期应补(退)所得税额(12-13-14-15)\ 税务机关确定的本期应纳所得税额		
汇总纳税企业总分机构税款计算			
17	总机构	总机构本期分摊应补(退)所得税额(18+19+20)	
18		其中：总机构分摊应补(退)所得税额(16×总机构分摊比例____%)	
19		财政集中分配应补(退)所得税额(16×财政集中分配比例____%)	
20		总机构具有主体生产经营职能的部门分摊所得税额(16×全部分支机构分摊比例____%×总机构具有主体生产经营职能部门分摊比例____%)	
21	分支机构	分支机构本期分摊比例	
22		分支机构本期分摊应补(退)所得税额	
实际缴纳企业所得税计算			
23	减：民族自治地区企业所得税地方分享部分：(□免征□减征：减征幅度____%)	本年累计应减免金额 [(12-13-15)×40%×减征幅度]	
24	实际应补(退)所得税额		

谨声明：本纳税申报表是根据国家税收法律法规及相关规定填报的，是真实的、可靠的、完整的。

纳税人(签章)：年月日

经办人： 经办人身份证号： 代理机构签章： 代理机构统一社会信用代码：	受理人： 受理税务机关(章)： 受理日期：年月日

图 5-10 企业所得税纳税申报表(适用于一般纳税人)填表(续)

（4）第 10 行根据本表相关行次计算结果填报。

本题＝502 539. 40。详见图 5-10 所示。

（5）第 11 行“税率(25%)”：填报 25%。

（6）第 12 行“应纳所得税额”：根据相关行次计算结果填报。

本题＝502 539. 4×25%＝125 634. 85。详见图 5-10 所示。

（7）第 13 行“减免所得税额”和第 13. 1 行“填写优惠事项名称”：

第 13. 1 行“填写优惠事项名称”处：自 2023 年 1 月 1 日至 2023 年 12 月 31 日，对小型微利企业年应纳税所得额不超过 100 万元的部分，减按 25%计入应纳税所得额，按 20%的税率缴纳企业所得税；对年应纳税所得额超过 100 万元但不超过 300 万元的部分，减按 25%计入应纳税所得额，按 20%的税率缴纳企业所得税。同时将数据填入第 13 行“减免所得税额”处。

本题减免所得税额＝第 12 行“应纳所得税额”－按照优惠政策应该缴纳的所得税＝502 539. 4×25%－502 539. 4×25%×20%＝100 507. 88。详见图 5-10 所示。

（8）第 14 行“本年实际已缴纳所得税额”：填报纳税人按照税收规定已在此前月(季)度申报预缴企业所得税的本年累计金额。

本题＝第一季度已预缴的所得税＝4 910. 46。详见图 5-10 所示。

（9）第 16 行“本期应补(退)所得税额＼税务机关确定的本期应纳所得税额”，根据相关行次计算结果填报。

本题＝125 634. 85－100 507. 88－4 910. 46＝20 216. 51　详见图 5-10 所示。

5.3 本章实训：纳税申报表填制实训

实训一　一般纳税人增值税申报填制实训

1. 实训目的

通过实训使学生系统掌握一般纳税人增值税申报填报。

2. 实验资料

企业资料：

华乐股份有限公司为一般纳税人，纳税人识别号 137002789465203175，2023 年 10 月发生增值税业务如下：

① 销项税额：2023 年 10 月份销售自营货物，对外开具的增值税专用发票不含税金额 139 823. 01 元，增值税率 13%；普通发票不含税金额 237 200. 00 元，增值税率 13%；用自产产品为职工发福利，视同销售的销售价格 200 000 元，增值税率 13%；同时为其他公司提供管理服务开具的增值税专用发票不含税金额 71 000. 00 元，增值税税率 6%。

② 进项税额：本月认证相符的专用发票共计 4 份，不含税的金额 240 000. 00 元，税额 31 200. 00 元；本月员工出差火车票共计 15 张，累计金额 9 810. 00 元；本月购买农产品取得的发票 2 份金额 50 000. 00 元；将价值 50 000. 00 元的外购饮品作为福利发给职工，

已取得增值税专用发票并认证。

③ 其他事项：本月向航天公司支付技术维护费，取得电子普通发票注明价税合计 280 元。

3. 要求

根据以上业务，对华乐股份有限公司进行 2023 年 10 月份增值税申报填报。

实训二　企业所得税的申报填制实训

1. 实训目的

通过实训使学生系统掌握企业所得税的申报填报。

2. 实验资料

企业资料：

河北天德机械制造有限责任公司是一家小微企业，纳税人识别号 137301067984000806，2023 年第一季度季度初从业人数 100 人，第一季度季度末从业人数 120 人；第一季度初资产总额 3 384.84 万元，第一季度末资产总额 4 317.40 万元；营业收入 5 114 191.59 元，营业成本 4 468 514.95 元，利润总额 323 629.46 元，应缴纳所得税 16 181.47 元。

第二季度有关资料见图 5-11、图 5-12。2023 年第二季度初从业人数 120 人，第二季度末从业人数 140 人；第二季度初资产总额 4 317.40 万元，第二季度末资产总额 3 427.69 万元。要求：编制第二季度企业所得税纳税申报表(适用于一般纳税人)。

2023年第二季度前两个月损益类科目发生额明细表						
日期：2023-06-30						
总账科目	2023年4月		2023年5月		本季度前两个月累计发生额	
	借方发生额	贷方发生额	借方发生额	贷方发生额	借方发生额	贷方发生额
主营业务收入		3 542 136.00		2 814 279.50		53 566 415.50
其他业务收入						
营业外收入		12 743.66		11 734.51		24 477.87
主营业务成本	2 264 558.16		2 085 280.64		4 349 838.80	
其他业务成本						
税金及附加	65 219.14		60 055.95		125 275.09	
销售费用	59 577.23		47 819.99		107 397.22	
管理费用	192 183.22		176 968.71		369 151.93	
财务费用	28 475.46		26 221.15		54 696.61	
合计	2 610 013.21	3 554 879.66	2 396 346.44	2 826 014.01	5 006 359.65	53 590 893.37

图 5-11　第二季度前两个月损益类科目发生额明细表

小企业会计准则利润表			
编制单位：河北天德机械制造有限责任公司 2023年06月			
			单位：元
项目	行次	本年累计金额	本期金额
一、营业收入	1		2 943 780.00
减：营业成本	2		1 750 782.40
税金及附加	3		54 359.00
销售费用	4		43 276.01
管理费用	5		160 152.68
财务费用	6		−23 729.55
加：投资收益（投资损失以“−”号填列）	7		
	8		
二、营业利润（亏损以“−”号填列）	9		958 939.46
加：营业外收入	10		18 619.47
减：营业外支出	11		
三、利润总额（亏损以“−”号填列）	12		977 558.93
减：所得税费用	13		
四、净利润（净亏损以“−”号填列）	14		977 558.93

图 5-12　第二季度 6 月份利润表

3. 要求

根据以上业务，对河北天德机械制造有限责任公司进行 2023 年第二季度企业所得税申报填报。

第二部分

综合模拟实训

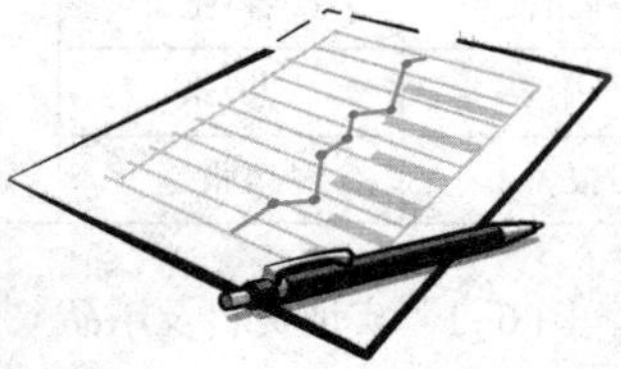

1. 综合实训目的

本实训采用科目汇总表账务处理程序，通过对一个特定企业会计模拟业务的操作，使学生对基础会计实务中的各种原始凭证及通用记账凭证的填制和审核、账簿的登记、对账和结账以及会计报表的编制、纳税申报等一系列会计实务工作，有一个系统的、全面的实践，使学生具备一定的会计实务操作能力，为今后学习和工作打下良好的基础。

2. 综合实训要求

（1）实训资料及用品见图 6-1。

资料名称	用量	备注
通用记账凭证	50张	每位学生需独立完成“凭证→账簿→报表”的全过程操作。用量按每人计算。实习过程中实验用品不够用，要随时补充。
现金、银行存款日记账	各4页	
三栏式明细账	20页	
多栏式明细账	10页	
生产成本专栏式明细账	4页	
制造费用专栏式明细账	2页	
应交增值税专栏式明细账	2页	
数量金额式明细账	8页	
三栏式总分类账	30页	
科目汇总表	2页	
资产负债表、利润表	各1张	
增值税申报表及附表	共7张	
企业所得税申报表	1张	

图 6-1　实训资料及用品

此外，本实训还需备有装订会计凭证的封面、封底、会计科目章、印台、印油、线绳、胶水、钢笔、大头针等会计手工用品。

（2）课时安排见图 6-2。

（3）实训基本要求：

① 熟悉会计基础工作规范及有关法律、法规、制度的要求，按规定处理日常经济业务。

② 掌握原始凭证和记账凭证的填制和审核方法、账簿的登记方法、对账和结账方法。

③ 掌握科目汇总表的编制方法，每 15 日将通用记账凭证汇总编制科目汇总表，熟练运用科目汇总表账务处理程序。

④ 掌握资产负债表、利润表的编制方法。

⑤ 掌握一般纳税人增值税的纳税申报填报的基本方法。

⑥ 掌握小微企业所得税的纳税申报填报的基本方法。

实习内容	课时	备注
实习准备工作	2	讲解实习要求
期初建账	2	学生实践教师指导
会计凭证的填制与审核	4	学生实践教师指导
科目汇总表的编制	3	学生实践教师指导
会计账簿的登记	5	学生实践教师指导
会计报表的编制	4	学生实践教师指导
增值税申报表的填制	4	学生实践教师指导
企业所得税申报表的填制	3	学生实践教师指导
资料的整理与装订	4	学生实践教师指导
实习总结与考核	6	抽查学生填制的实训样品、进行实习总结。集中考核检验实训效果。

图 6-2　课时安排

3. 实训步骤和内容

采用科目汇总表账务处理程序实训。以华星机械制造有限责任公司 2023 年 12 月的经济业务为模拟核算对象，进行从建账到日常会计核算；从制造企业生产准备到产品生产、产品销售至利润形成和分配等主要经济活动的会计核算；从原始凭证、记账凭证的填制和审核到账簿的登记、成本计算、财产清查、对账、结账及会计报表编制等会计核算程序的综合模拟实训。具体程序和步骤如下：

（1）实训准备工作：

熟悉实训要求及实习单位的基本情况，准备实训所需的凭证、账簿和报表等。

（2）期初建账：根据提供的实习单位 12 月初的账户余额，开设相关的总分类账、明细账及日记账；

① 建账的程序：

a. 填写日记账、总账扉页上的有关内容。包括：单位全称、账簿名称、账簿页数、启用日期、单位领导人、各会计主管人员签章、经管人员职务、姓名、经管或接管日期并签章、财务专用章等。

b. 将各账户的标志粘贴在有关账簿账页中。

c. 根据 11 月末各账户余额登记日记账、明细账、总账中各账户的期初余额。

d. 登账后将各账户的有关余额核对相符。

e. 根据 1~11 月累计发生额登记有关损益类账户的发生额。

② 建账的核对：

建账后应按建账程序对所建账是否正确进行核对，主要核对的内容有以下几点。

a. 总账中资产类账户余额之和应等于负债类加所有者权益类账户余额之和。

b. 总账中各账户的余额应等于明细账中其所属明细账户余额之和。

c. 总账中资产类账户余额之和应等于日记账各账户余额之和加明细账中资产类明细账户余额之和。

d. 总账户负债类加所有者权益类账户余额之和应等于明细账各负债类加所有者权益账户余额之和。

（3）填制和审核原始凭证：

根据提供的实习单位 12 月份的经济业务，填制和审核各项原始凭证。

（4）填制和审核记账凭证：

综合实训采用通用记账凭证，根据审核无误的原始凭证或原始凭证汇总表，对实习单位 12 月份发生的经济业务编制记账凭证，并进行审核。

（5）登记账簿：

根据原始凭证或原始凭证汇总表、记账凭证，登记日记账和明细分类账，根据科目汇总表登记总分类账。

（6）对账和结账：

在当月经济业务全部处理完毕、登记入账的基础上，将总分类账与所属的明细分类账、总分类账与日记账进行核对无误，并结账。

（7）编制会计报表：

根据正确无误的账簿记录编制资产负债表和利润表。

（8）进行增值税、企业所得税的纳税申报的基本填报。

（9）资料装订与归档：

实训结束，学生将记账凭证、日记账、总分类账、明细分类账、会计报表等规范地装订成册，由指导老师评定成绩后归档保管。

4. 实训资料

（1）初始数据和核算方法：

① 公司概况：

公司名称：华星机械制造有限责任公司；法人代表：苏锦忠

公司地址：河北省保定市桥东区维一路 126 号；邮编：071300

开户银行：中国工商银行保定市分行桥东支行；账号：11223344556677

税务登记号：137200945786321567

② 初始数据：有关账户期初余额如下：

华星机械制造有限责任公司为增值税一般纳税人。2023 年 12 月 1 日有关科目的余额见图 6-3~图 6-5。

③ 核算方法：

存货采用实际成本核算。存货发出后采用先进先出法确认结转成本。损益结转采用账结法。

（2）华星机械制造有限责任公司 2023 年 12 月发生业务如下：

业务 1 见图 6-6。

业务 2 见图 6-7、图 6-8。

单位：元

科目名称	借方余额	科目名称	贷方余额
库存现金	675 500	短期借款	390 000
银行存款	2 759 500	应付票据	0
其他货币资金	143 500	应付账款	873 800
交易性金融资产	15 800	其他应付款	0
应收票据	250 000	应付职工薪酬	29 540
应收账款	406 000	应交税费	0
坏账准备	–900	应付利息	19 166.66
预付账款	10 000	长期借款	1 150 000
其他应收款	6 000	实收资本	5 550 000
材料采购	0	盈余公积	100 000
原材料	754 000	利润分配	228 110
周转材料	186 600	本年利润	2 367 000
库存商品	1 388 500		
材料成本差异	0		
长期股权投资	577 950		
固定资产	1 605 000		
累计折旧	–400 000		
在建工程	1550 000		
无形资产	655 000		
长期待摊费用	125 166.66		
合计	10 707 616.66	合计	10 707 616.66

图 6-3　总账账户期初余额

单位：元

账户名称			借方余额	贷方余额	数量	
总账	明细账				单位	数量
其他货币资金	存出投资款		70 000			
	汇票存款		73 500			
交易性金融资产	三源股份	成本	4 300		股	1 000
		公允价值变动	1 200			
	天马股份	成本	10 600		股	1 000
		公允价值变动		300		
应收账款	博通有限责任公司		386 000			
	通达有限责任公司		4 500			
	凯旋有限责任公司		15 500			
预付账款	山东大德钛厂		10 000			
原材料	钢材		350 000		吨	100
	钛		350 000		吨	20
	塑件		54 000		件	540
库存商品	普通机床		450 000		台	30
	精密机床		900 000		台	50
	数控机床		38 500		台	2
在建工程	T机床		332 800			
	厂房		1 217 200			
应付账款	三达机械制造有限公司			373 800		
	宏实有限责任公司			200 000		
	诚信贸易公司			300000		
应付职工薪酬	应付工资			29 540		
实收资本	天和股份有限公司			3 550 000		
	天同股份有限公司			20 00 000		
盈余公积	公益金			100 000		
利润分配	未分配利润(年初)			22 8110		

图 6-4　明细账账户期初余额表(部分)

单位：元

科目名称	借方发生额	贷方发生额
主营业务收入		13 500 000
主营业务成本	9 100 000	
营业税金及附加	30 000	
销售费用	240 000	
管理费用	874 000	
财务费用	265 000	
其他业务收入		132 600
其他业务支出	89 000	
投资收益		42 200
营业外收入		40 000
营业外支出	29 800	
所得税费用	720 000	

图 6-5　1~11 月损益类账户累计发生额

中国工商银行 借 款 凭 证（回单）

单位编号:　　　　日期:2023年12月1日　　　　银行编号：0110

<table>
<tr><td rowspan="3">借款人</td><td>名称</td><td colspan="3">华星机械制造有限责任公司</td><td rowspan="3">收款人</td><td>名称</td><td colspan="10">华星机械制造有限责任公司</td></tr>
<tr><td>账号</td><td colspan="3">11223344556677</td><td>往来账号</td><td colspan="10">14568508809600</td></tr>
<tr><td>开户银行</td><td colspan="3">中国工商银行保定市分行桥东支行</td><td>开户银行</td><td colspan="10">中国工商银行保定市分行桥东支行</td></tr>
<tr><td colspan="2">借款期限（最后还款日）</td><td colspan="3">2024年3月31日</td><td colspan="2">借款计划指标</td><td colspan="10"></td></tr>
<tr><td colspan="2" rowspan="2">借款申请金额</td><td colspan="5" rowspan="2">人民币(大写)：叁拾万元整</td><td>千</td><td>百</td><td>十</td><td>万</td><td>千</td><td>百</td><td>十</td><td>元</td><td>角</td><td>分</td></tr>
<tr><td></td><td>¥</td><td>3</td><td>0</td><td>0</td><td>0</td><td>0</td><td>0</td><td>0</td><td>0</td></tr>
<tr><td colspan="2" rowspan="2">借款原因及用途</td><td colspan="2" rowspan="2">生产经营周转用</td><td colspan="3" rowspan="2">银行核对金额</td><td>千</td><td>百</td><td>十</td><td>万</td><td>千</td><td>百</td><td>十</td><td>元</td><td>角</td><td>分</td></tr>
<tr><td></td><td>¥</td><td>3</td><td>0</td><td>0</td><td>0</td><td>0</td><td>0</td><td>0</td><td>0</td></tr>
<tr><td colspan="4">备注：月利率6‰，期限4个月，到期一次还本付息</td><td colspan="13">上述借款业已同意贷给并转入你单位往来账户借款到期时应按期归还　此致借款单位
（银行盖章）　2023年12月1日</td></tr>
</table>

中国工商银行保定市分行桥东支行 2023.12.01 业务受理

图 6-6

门面房出租协议

第一条 本合同的各方为：

甲方：华星机械制造有限责任公司(以下简称甲方)。法人代表：苏锦忠。

乙方：信达五金电器商行(以下简称乙方)。法定地址：中国河北省保定市桥西区和平路53号。法人代表：刘立群。

第二条 甲方将拥有的门面房200平方米出租给乙方。租期3年，到期后乙方有优先租赁权。

第三条 租金每月5 000元，每月月底支付。

第四条 为保证乙方履行义务，甲方在合同签订日收取乙方押金30 000元，合同期满后归还乙方。

……第八条 协议自签定之日起生效。

甲方（公章）：华星机械制造有限责任公司　　　　乙方：信达五金电器商行

甲方代表（签字）：苏锦忠　　　　乙方代表（签字）：刘立群

202年12月1日3　　　　2023年12月1日

华星机械制造有限责任公司 公章　　　　信达五金电器商行 公章

图 6-7

中国工商银行 进账单 （收账通知）

2023年12月1日　　　　第123号

收款人	全称	华星机械制造有限责任公司	付款人	全称	信达五金电器商行
	账号	11223344556677		账号	68468123405123
	开户银行	中国工商银行保定市分行桥东支行		开户银行	中国工商银行保定市分行桥西支行

人民币（大写）	千	百	十	万	千	百	十	元	角	分
叁万元整			¥	3	0	0	0	0	0	0

票据种类	转账支票	中国工商银行保定市分行桥东支行 2023.12.01 收讫
票据张数	1张	
单位主管：　会计： 复核：　记账：		收款人开户行盖章

此联是持票人开户行给持票人的收账通知

图 6-8

业务 3 见图 6-9。

中国工商银行 进账单 （收账通知）

2023年12月5日　　　　第01324号

收款人	全称	华星机械制造有限责任公司（投资专户）	付款人	全称	华星机械制造有限责任公司
	账号	14556612473265		账号	111223344556677
	开户银行	中国工商银行保定分行证券营业部		开户银行	中国工商银行保定市分行桥东支行

人民币（大写）	千	百	十	万	千	百	十	元	角	分
捌拾万元整		¥	8	0	0	0	0	0	0	0

票据种类	转账支票	中国工商银行保定市分行证券营业部 2023.12.05 收讫
票据张数	1张	
单位主管：　会计： 复核：　记账：		收款人开户行盖章

此联是持票人开户行给持票人的收账通知

注：向证券交易所划出资金

图 6-9

业务 4 见图 6-10~图 6-13。

电子发票（增值税专用发票）

国家税务总局 河北省税务局

发票号码：23311100000000001205

开票日期：2023 年 12 月 05 日

购买方信息	销售方信息
名称：华星机械制造有限责任公司	名称：大德钛业有限责任公司
纳税人识别号：137200945786321567	纳税人识别号：131001800317373349

项目名称：	规格型号	单位	数量	单价	金额	税率/征收率	税额
*稀有金属 *钛		吨	2	18000.00	36000.00	13%	4680.00
合计					¥36000.00		¥4680.00
价税合计（大写）	⊗肆万零陆佰捌拾元整					小写）	¥40680.00

备注：

开票人：大力

图 6-10

电子发票（增值税专用发票）

国家税务总局 河北省税务局

发票号码：23300000000000001205

开票日期：2023 年 12 月 05 日

购买方信息	销售方信息
名称：华星机械制造有限责任公司	名称：德宏运输有限责任公司
纳税人识别号：137200945786321567	纳税人识别号：131001280031787692

项目名称：	规格型号	单位	数量	单价	金额	税率/征收率	税额
*运输费用*运费		次	1	2000.00	2000.00	9%	180.00
合计					¥2000.00		¥180.00
价税合计（大写）	⊗贰仟壹佰捌拾元整					（小写）	¥2180.00

备注：暂由大德钛业有限责任公司垫付

开票人：大力

图 6-11

第0224号

托收号码：28973

邮

中国工商银行 托收承付结算凭证（支款凭证）

委托日期：2023年12月05日

承付期限
到期

收款单位			付款单位		
收款单位	全称	大德钛业有限责任公司	付款单位	全称	华星机械制造有限责任公司
	账号	23290104000031		账号或地址	11223344556677
	开户银行	中国工商银行邢台市分行大明支行		开户银行	中国工商银行保定市分行桥东支行

托收金额	人民币（大写）	千	百	十	万	千	百	十	元	角	分
	肆万贰仟捌佰陆拾元整			¥	4	2	8	6	0	0	0

附件	商品发运情况	合同名称号码
附寄单证张数或册数2张	已发出	No【20231201】
备注 代垫运费2 180元	银行意见： （收款单位开户行盖章）月 日	付款单位开户行收到日期 2023年12月05日

中国工商银行保定市分行桥东支行
2023.12.05
付讫

图 6-12

根据以上资料填制空白收料单(图 6-13)。保管员：王福；记账员：任丹；检验员：马良。

收料单

材料科目：　　　　　　　　　　　　编号：102

材料类别：　　　　　　　　　　　　收料仓库：2号仓库

供应单位：　　　　年 月 日　　　　发票号码：

材料编号	材料名称	规格	计量单位	数量		实际价格				计划价格	
				应收	实收	单价	发票金额	运费	合计	单价	金额
备注											

检验员：　　　　记账员：　　　　保管员：

图 6-13

业务 5 见图 6-14、图 6-15。

中国工商银行
现金支票存根

IV Ⅱ 21120501

科　　目 ________________

对方科目 ________________

出票日期　2023年12月05日

收款人：华星机械制造有限责任公司	
金额：27 910.00	
用途：提现备发工资	

单位主管：王海　　　会计：李海波

图 6-14

工资结算汇总表

2023年12月05日

单位、人员类别		应付工资								代扣款			实发工资	领款人签章
		计时工资	计件工资	奖金	津贴和补贴			病假工资	应付工资	房租	其他	合计		
					保健津贴	夜班津贴								
基本生产车间	生产人员	12 000		1 000	300	150			13 450	350		350	13 100	
	管理人员	1 520		150	600				2 270	170		170	2 100	
	小计	13 520		1 150	900	150			15 720	520		520	15 200	
辅助生产车间	生产人员	4 000		540					4 540	240		240	4 300	
	管理人员	1 000		100					1 100	80		80	1 020	
	小计	5 000		640					5 640	320		320	5 320	
行政管理部门		6 500		300					6 800	200		200	6 600	
专设销售机构		1 180		200					1 380	590		590	790	
合计		26 200		2 290	900	150			29 540	1 630		1 630	27 910	

复核：宋勇　　　　　　　　　　　　　　　　　　　　　　　　制表人：任丹

图 6-15

业务 6 见图 6-16、图 6-17。

周转材料入库单

2023年12月7日　　　　　　　　　　　　　　　　单位：元

发货地点	保定	供应单位		东方劳动服务商贸公司			备注		
库名	编号	名称	单位	规格	入库			单张据数	实收	
					数量	单价	金额		数量	金额
		工作服	套		4	100	400		4	400

三联　送交财务会计

会计：刘进东　　　　保管：李达　　　　采购员：李振江　　　　制单：任丹

图 6-16

电子发票（增值税专用发票）

发票号码：23311000000000001207

开票日期：2023 年 12 月 07 日

购买方信息	名称：华星机械制造有限责任公司 纳税人识别号：137200945786321567	销售方信息	名称：东方劳动服务商贸公司 纳税人识别号：137010300224576544

项目名称：	规格型号	单位	数量	单价	金额	税率/征收率	税额
*劳保用品*工作服		套	4	100.00	400.00	13%	52.00
合计					¥400.00		¥52.00

价税合计（大写）	⊗肆佰伍拾贰元整	（小写）¥452.00

备注：

开票人：王宏

图 6-17

业务 7 见图 6-18～图 6-20。

电子发票（增值税专用发票）

发票号码：23322000000000001208

开票日期：2023 年 12 月 08 日

购买方信息	名称：凯旋股份有限责任公司 纳税人识别号：130400400431730079	销售方信息	名称：华星机械制造有限责任公司 纳税人识别号：137200945786321567

项目名称：	规格型号	单位	数量	单价	金额	税率/征收率	税额
*专用设备*普通机床		台	2	25000.00	50000.00	13%	6500.00
合计					¥50000.00		¥6500.00

价税合计（大写）	⊗伍万陆仟伍佰元整	（小写）¥56500 .00

备注：

开票人：张力宏

图 6-18

出库通知单

2023年12月8日　　　　　　　　　　　　第8号

编号	名称	规格	单位	应发数量	实发数量	单位成本	总价 十	万	千	百	十	元	角	分	附注
	普通机床		台	2	2										
	合计														

附单据　张

会计：刘进东　　仓库主管：马达　　保管：李明　　经手：李明　　制单：任丹

图 6-19

银行承兑汇票　2

签发日期：贰零贰叁年壹拾贰月零捌日

付款方	全称	凯旋股份有限责任公司	收款人	全称	华星机械制造有限责任公司
	账号	34569110243569		账号	11223344556677
	开户银行	中国工商银行邯郸市分行爱民支行		开户银行	中国工商银行保定市分行桥东支行

汇票金额	人民币（大写）：伍万陆千伍佰元整	千	百	十	万	千	百	十	元	角	分
				¥	5	6	5	0	0	0	0

汇票到期日	贰零贰肆年 零叁月 零捌日	交易合同号	No【20231202】

本汇票一经本单位承诺，到期日无条件支付票款。

此致

凯旋股份有限责任公司 财务专用章　肖萍

汇票签发人盖章

负责：王梅　经办：刘永　2023年12月8日

本汇票予以承兑

中国工商银行邯郸市分行爱民支行 2023.12.08 转讫

汇票签发银行盖章

2023年12月8日

此联收款人开户行随结算凭证寄付款人开户行作借方凭证的附件

图 6-20

业务 8 见图 6-21。

中国工商银行 **进账单**（收账通知）

2023年12月11日　　　　第233号

收款人	全称	华星机械制造有限责任公司	付款人	全称	博通股份有限责任公司
	账号	11223344556677		账号	57111002023079
	开户银行	中国工商银行保定市分行桥东支行		开户银行	中国工商银行保定市分行博野支行

人民币（大写）	叁拾捌万陆仟元整	千	百	十	万	千	百	十	元	角	分
			¥	3	8	6	0	0	0	0	0

票据种类	银行汇票	收款人开户行盖章
票据张数	1张	
单位主管：　会计： 复核：　记账：		

中国工商银行保定市分行
证券营业部
2023.12.05
收讫

此联是持票人开户行给持票人的收账通知

图 6-21

业务 9 见图 6-22、图 6-23。

电子发票（增值税专用发票）

发票号码：23322000000000001211

开票日期：2023 年 12 月 11 日

国家税务总局 河北省税务局

购买方信息	名称：鸿运股份有限责任公司 纳税人识别号：130637698134576978	销售方信息	名称：华星机械制造有限责任公司 纳税人识别号：137200945786321567

项目名称	规格型号	单位	数量	单价	金额	税率/征收率	税额
*专用设备*普通机床		台	2	30000.00	60000.00	13%	7800.00
合计					¥60000.00		¥7800.00

价税合计（大写）	⊗陆万柒仟捌佰元整	（小写）¥67800.00
备注：		

开票人：张力宏

图 6-22

出库通知单

2023年12月11日　　　　　　　　　　　　　　第8号

<table>
<tr><td rowspan="2">编号</td><td rowspan="2">名称</td><td rowspan="2">规格</td><td rowspan="2">单位</td><td rowspan="2">应发数量</td><td rowspan="2">实发数量</td><td rowspan="2">单位成本</td><td colspan="8">总价</td><td rowspan="2">附注</td><td rowspan="7">附单据　张</td></tr>
<tr><td>十</td><td>万</td><td>千</td><td>百</td><td>十</td><td>元</td><td>角</td><td>分</td></tr>
<tr><td></td><td>普通机床</td><td></td><td>台</td><td>2</td><td>2</td><td></td><td></td><td></td><td></td><td></td><td></td><td></td><td></td><td></td><td></td></tr>
<tr><td></td><td></td><td></td><td></td><td></td><td></td><td></td><td></td><td></td><td></td><td></td><td></td><td></td><td></td><td></td><td></td></tr>
<tr><td></td><td></td><td></td><td></td><td></td><td></td><td></td><td></td><td></td><td></td><td></td><td></td><td></td><td></td><td></td><td></td></tr>
<tr><td></td><td></td><td></td><td></td><td></td><td></td><td></td><td></td><td></td><td></td><td></td><td></td><td></td><td></td><td></td><td></td></tr>
<tr><td></td><td>合计</td><td></td><td></td><td></td><td></td><td></td><td></td><td></td><td></td><td></td><td></td><td></td><td></td><td></td><td></td></tr>
</table>

会计：刘进东　　仓库主管：马达　　保管：李明　　经手：李明　　制单：任丹

图 6-23

业务 10 12 月 15 日，由于急需资金，将本月 8 日收到的凯旋股份有限责任公司商业承兑汇票向银行申请贴现，银行同意申请，请代银行填写空白的贴现凭证，然后进行账务处理。见图 6-24。

中国工商银行 贴现凭证（收账通知） 4

申请日期　　年　月　　日　　　　　　No 24568

<table>
<tr><td rowspan="3">持票人</td><td>名称</td><td colspan="3"></td><td rowspan="3">贴现汇票</td><td>种类</td><td colspan="2"></td><td>号码</td><td>SC 02587</td><td rowspan="7">此联是银行该给贴现申请人的收账通知</td></tr>
<tr><td>账号</td><td colspan="3"></td><td>发票日</td><td colspan="4"></td></tr>
<tr><td>开户银行</td><td colspan="3"></td><td>到期日</td><td colspan="4"></td></tr>
<tr><td colspan="2">汇票承兑人（或银行）</td><td>名称</td><td colspan="2"></td><td>账号</td><td></td><td>开户银行</td><td colspan="2"></td></tr>
<tr><td colspan="2">汇票金额（即贴现金额）</td><td colspan="5">人民币（大写）：</td><td colspan="3">千 百 十 万 千 百 十 元 角 分</td></tr>
<tr><td colspan="2">贴现率每月</td><td>5‰</td><td>贴现利息</td><td colspan="2">千 百 十 万 千 百 十 元 角 分</td><td>实付贴现金额</td><td colspan="3">千 百 十 万 千 百 十 元 角 分</td></tr>
<tr><td colspan="6">上述款项已入你单位账户
此致
银行盖章
2023年12月15日
（印章：中国工商银行保定市分行 桥东支行 2023.12.15 转讫）</td><td colspan="4">备注：</td></tr>
</table>

图 6-24

业务 11 见图 6-25～图 6-27。

业务 12 见图 6-28～图 6-31。

业务 13 见图 6-32。

业务 14 见图 6-33～图 6-35。

中国工商银行 信汇凭证 （回单）1

汇款单位编号　　委托日期：2023年12月15日　　第0789209号

收款单位	全称	三达机械制造有限公司		汇款单位	全称	华星机械制造有限责任公司	
	账号或住址	51818809001617			账号或住址	11223344556677	
	汇入地点 江西省	汇入行名称	工行九江市分行		汇出地点 河北省	汇出行名称	工行保定市桥东支行

金额	千	百	十	万	千	百	十	元	角	分
人民币（大写）肆万伍仟贰佰元整			¥	4	5	2	0	0	0	0

汇款用途：设备款	（汇出行盖章）
上列款项已根据委托办理，如需查询，请持此回单来行面洽。	中国工商银行保定市分行 桥东支行 付讫

单位主管：　会计：　复核：　记账：

图 6-25

电子发票（增值税专用发票）

（印章：国家税务总局 河北省税务局）

发票号码：23300000000000001215

开票日期：2023 年 12 月 15 日

购买方信息 名称：华星机械制造有限责任公司 纳税人识别号：137200945786321567	销售方信息 名称：三达机械制造有限公司 纳税人识别号：130500455456546709

项目名称：	规格型号	单位	数量	单价	金额	税率/征收率	税额
*专用设备*甲设备		台	2	20000.00	40000.00	13%	5200.00
合计					¥40000.00		¥5200.00

价税合计（大写）	⊗肆万伍仟贰佰元整	（小写）¥45200.00
备注：		

开票人：张川

图 6-26

固定资产验收交接单

№00087562

2023年12月15日　　　　金额单位：元

资产编号	资产名称	型号规格或结构面积	计量单位	数量	设备价值或工程造价	设备基础及安装费用	附加费用	合计
	甲设备		台	2	40 000.00			40 000.00
资产来源		购买	耐用年限		5	主要附属设备	1	
制造厂名		三达机械制造有限公司	估计残值		1 500.00		2	
制造日期及编号			基本折旧率				3	
工程项目或使用部门		生产车间	验收部门签章		王庭梧		4	

本单分送财务部门、交接双方及上级资产管理部门

图 6-27

中国工商银行
转账支票存根

IV Ⅱ 20496024

科　　目 ____________

对方科目 ____________

出票日期　2023年12月16日

收款人：双星机电有限公司
金额：¥33 900.00
用途：付设备款

单位主管：王海　　　会计：李海波

图 6-28

电子发票（增值税专用发票）

发票号码：23311000000000001216

开票日期：2023 年 12 月 16 日

购买方信息	名称：华星机械制造有限责任公司 纳税人识别号：137200945786321567	销售方信息	名称：双星机电有限公司 纳税人识别号：130521264008445764

项目名称：	规格型号	单位	数量	单价	金额	税率/征收率	税额
*专用设备*乙设备		台	1	30000.00	30000.00	13%	3900.00
合计					¥30000.00		¥3900.00

价税合计（大写）	⊗叁万叁仟玖佰元整　　　（小写）¥33900.00
备注：	

开票人：张静

图 6-29

中国工商银行
转账支票存根

IV Ⅱ 20496025

科　　目 ________________

对方科目 ________________

出票日期　2023年12月16日

收款人：保定市安装公司
金额：¥4 360.00
用途：付设备款安装费

单位主管：王海　　　会计：李海波

图 6-30

电子发票（增值税专用发票）							
发票号码：2331C400000000001216 开票日期：2023 年 12 月 16 日							
购买方信息	名称：华星机械制造有限责任公司 纳税人识别号：137200945786321567			销售方信息	名称：河北隆美劳务有限公司 纳税人识别号：130521640084474138		
项目名称：	规格型号	单位	数量	单价	金额	税率/征收率	税额
*劳务费用*安装费		元			4000.00	9%	360.00
合计					¥4000.00		¥360.00
价税合计（大写）	⊗肆仟叁佰陆拾元整				（小写）¥4360.00		
备注：							

开票人：张敏

图 6-31

固定资产交接（验收）单

2023年12月18日

固定资产编号	名称	规格	型号	计量单位	数量	建造单位	建造编号	资金来源	附属技术资料
20-7	乙设备			台	1			自有	
总价（净值）	土建工程费	设备费	安装费	运杂费	包装费	其他	合计	预计年限	净残值率
		30 000.00	4 000.00				34 000.00	10	5%
附属设备或建筑						原值		已提折旧	
验收意见	合格，交生产使用	验收人签章	王庭梧		保管使用人签章		张雨		

图 6-32

固定资产出售单

2023年12月18日

固定资产出售（调拨）理由	编号	100-12	数量	2	规定使用年限	10	已提折旧	8 000.00
	名称	丙设备	启用时间	2013	已使用年限	8	净值	12 000.00
	规格		停用时间	2023	原值	20 000.00	出售价格	10 000.00
	铸造车间因从日本引进最新设备，原设备低价售出。				调入单位名称	河北机械厂		
					所有制性质	国有		
					无偿调拨或价拨	有偿		
					备注			
					调入单位签字	设备科签字	主管厂长签字	
					杨兰 2023.12.18	李光 2023.12.18	该设备处理意见已达成共识，同意处理。 陈华 2023.12.18	

图 6-33

中国工商银行 **进账单**（回单）

2023年12 月18日　　　　第6624号

付款人	全称	河北机械厂	收款人	全称	华星机械制造有限责任公司								
	账号	145685364657012		账号	11223344556677								
	开户银行	中国工商银行保定市分行		开户银行	中国工商银行保定市分行桥东支行								
人民币（大写）	壹万元整			千	百	十	万	千	百	十	元	角	分
						¥	1	0	0	0	0	0	0
票据种类	银行汇票			收款人开户行盖章 中国工商银行保定市分行 桥东支行 2023.12.18 收讫									
票据张数	1												
单位主管　会计													
复核　记账													

此联是收款人开户银行给收款人的回单

图 6-34

根据相关资料，完善下表。

固定资产清理损益计算表

2023年12月18日

清理项目	精密机床	清理原因	报废
固定资产清理借方发生额	金额	固定资产清理贷方发生额	金额
清理支出内容		清理收入内容	
固定资产净值		固定资产报废残值	
借方合计		贷方合计	
固定资产清理 净收益/净损失 金额：			

复核：刘进东　　　　制单：张一鸣

图 6-35

业务 15 见图 6-36、图 6-37。

电子发票（增值税专用发票）

发票号码：23311200000000001219

开票日期：2023 年 12 月 19 日

购买方信息	名称：华星机械制造有限责任公司 纳税人识别号：137200945786321567	销售方信息	名称：宏实股份有限公司 纳税人识别号：137306784901112473

项目名称：	规格型号	单位	数量	单价	金额	税率/征收率	税额
*钢*钢材		吨	100	4000.00	400000.00	9%	36000.00
合计					¥400000.00		¥36000.00

价税合计（大写）	⊗肆拾叁万陆仟元整	（小写）¥436000.00

备注：

开票人：宏信

图 6-36

收 料 单

材料科目：原材料　　　　　　　　　　编号：103

材料类别：原料及主要材料　　　　　　收料仓库：

供应单位：宏实股份有限公司　　2023年12月19日　　发票号码：

材料编号	材料名称	规格	计量单位	数量		实际价格				计划价格	
				应收	实收	单价	发票金额	运费	合计	单价	金额
	钢材	M15	吨	100	100	4 000.00	400 000.00	0	400 000.00	3 500.00	350 000.00
备注											

采购员：李振江　　检验员：王连富　　记账员：任丹　　保管员：李达

图 6-37

业务 16 见图 6-38、图 6-39。

电子发票（增值税专用发票）

发票号码：23322200000000001219

开票日期：2023 年 12 月 19 日

购买方信息	名称：华星机械制造有限责任公司 纳税人识别号：137200945786321567	销售方信息	名称：保定市电视台 纳税人识别号：130637784561113500

项目名称：	规格型号	单位	数量	单价	金额	税率/征收率	税额
*经营服务*广告费		元			8000.00	6%	480.00
合计					¥8000.00		¥480.00

价税合计（大写）	⊗**捌仟肆佰捌拾元整**	**（小写）**¥8480.00
备注：		

开票人：小明

图 6-38

中国工商银行
转账支票存根

Ⅳ Ⅱ 20497896

科　　目 ____________

对方科目 ____________

出票日期　2023年12 月19日

收款人：保定市电视台
金额：¥8 480.00
用途：支付广告费

单位主管：王海　　会计：李海波

图 6-39

业务 17 见图 6-40、图 6-41。

河北省行政事业单位收费收据

交款单位：华星机械制造有限责任公司	收款方式：转账支票
交款金额：人民币（大写）捌仟元整	¥8 000.00元
收款事由： 职工培训费	
	日期：2023年12月22日

第一联收据

单位盖章　　财会主管：　记账：　出纳：　　复核：　　经办：刘红

图 6-40

中国工商银行
转账支票存根

IV Ⅱ 20498713

科　　目 ______________

对方科目 ______________

出票日期　2023年12月22日

收款人：保定市广播电视大学
金额：¥8 000.00
用途：培训费

单位主管：王海　　会计：李海波

图 6-41

业务 18 见图 6-42、图 6-43。

电子发票（增值税专用发票）

发票号码：23322000000000001224

开票日期：2023 年 12 月 24 日

购买方信息	名称：华丰股份有限公司 纳税人识别号：130500039672217710	销售方信息	名称：华星机械制造有限责任公司 纳税人识别号：137200945786321567

项目名称：	规格型号	单位	数量	单价	金额	税率/征收率	税额
*专用设备*精密机床		台	28	25000.00	700000.00	13%	91000.00
商业折扣					-35000.00	13%	-4550.00
合计					¥665000.00		¥86450.00
价税合计（大写）	⊗柒拾伍万壹仟肆佰伍拾元整					（小写）¥751450.00	
备注：							

开票人：张力宏

图 6-42

出库通知单

2023年12月24日　　　　第8号

编号	名称	规格	单位	应发数量	实发数量	单位成本	总价 十	万	千	百	十	元	角	分	附注
	精密机床		台	28	28										
	合计														

附单据　张

会计：刘进东　　仓库主管：马达　　保管：李达　　经手：李达　　制单：任丹

图 6-43

业务 19 见图 6-44、图 6-45。

中国工商银行 **进账单** （回单）1

2023年12月25日　　第8655号

付款人	全称	大宝有限责任公司	收款人	全称	华星机械制造有限责任公司
	账号	67775364701200		账号	11223344556677
	开户银行	中国工商银行保定市分行朝阳支行		开户银行	中国工商银行保定市分行桥东支行

人民币（大写）	肆仟伍佰元整	千	百	十	万	千	百	十	元	角	分
					¥	4	5	0	0	0	0

票据种类	银行汇票	收款单位开户行盖章
票据张数	1	
单位主管　会计 复核　记账		

中国工商银行保定市分行桥东支行 2023.12.25 收讫

此联是收款人开户银行给收款人的回单

图 6-44

河北省保定市服务业专用发票　　国税监

发 票 联　　（0312-040835）

顾客名称：大宝有限责任公司　　地址：保定市　　2023年12月25日

货品名称	规格	单位	数量	单价	超过拾万元无效	十	万	千	百	十	元	角	分
出租汽车收入		辆	3	1 500				4	5	0	0	0	0
合计人民币（大写）	肆仟伍佰元整						¥	4	5	0	0	0	0

开票人 任丹　　收款人：张烨　　开票收款单位及地址（盖章）

图 6-45

业务 20 见图 6-46。

中国财产保险公司

保险费收款收据

2023年12月25日

交款人	华星机械制造有限责任公司	付款方式	现金收讫
交款事由	2022年度汽车保险费	保险单号	86765
金额（大写）	叁仟零捌拾元整		¥3 080.00

会计主管：　记账：　审核：　出纳：刘海　经办：张烨

第二联收据

图 6-46

业务 21 见图 6-47。

借款利息计提费用计算表

2023年12月25日

借款	借入时间	借款期限	年利率	偿还方式	借款金额	本期计提
短期借款	2023.12.1	四个月	6%	到期一次还本付息	300 000.00	1 500.00
长期借款	2023.11.1	二年	10%	到期一次还本付息	1 150 000.00	9 583.33

审核：宋勇　　　　制表：任丹

图 6-47

业务 22 见图 6-48。

中国工商银行　**借款计息通知**（付款通知）　3

签发日期：2023年12月31日

付款人	全称	华星机械制造有限责任公司	收款人	全称	中国工商银行保定市分行桥东支行
	账号	11223344556677		账号	56783344550123
	开户银行	中国工商银行保定市分行桥东支行		开户银行	中国工商银行保定市分行桥东支行
金额	人民币（大写）叁拾玖万壹仟陆佰贰拾伍元整		千百十万千百十元角分	¥391625.00	
结息期	10-12月结息	计息积数		利率	5%
备注：短期借款390 000元，2023年10月1日借入，期限三个月，分期付息，一次还本。10月和11月已支付利息3 250元					

中国工商银行保定市分行桥东支行 2023.12.31 付讫

图 6-48

业务 23 见图 6-49。

工资费用分配汇总表

2023年12月31日

车间及部门		应分配工资额（元）				备注
		基本工资	各项津贴	奖金	合计	
基本生产车间	普通机床生产工人	6 000	475	500	6 975	
	精密机床生产工人	6 000	475	500	6 975	
	数控机床生产人员	1 520	100	150	1 770	
车间管理人员		5 000		640	5 640	
管理部门		6 500		300	6 800	
销售机构		1 180		200	1 380	
合计		26 200	1 050	2 290	29 540	

复核：宋勇　　　　制表：任丹

图 6-49

业务 24 完善应交增值税计算表，结果保留小数点后两位数。见图 6-50。

应交增值税计算表

2023年12月

当期销项税额	当期进项税额	当期进项税额转出	已交税金	应交增值税

复核：宋勇　　　　制表：任丹

图 6-50

业务 25 完善固定资产折旧计算表，见图 6-51。

固定资产折旧计算表

2023年12月份

单位：元

使用单位和固定资产类别		上月计提折旧额	上月增加的固定资产应计提的折旧额	上月减少的固定资产应计提的折旧额	本月应计提折旧额
生产车间	铸钢车间	4 200.00	600.00		
	锻工车间	3 800.00	420.00	128.00	
	铆焊车间	5 210.00		260.00	
	一加工车间	3 680.00	400.00		
	二加工车间	4 260.00			
	总装车间	6 800.00	1 200.00		
厂部管理部门		8 000.00			
合计		43 250.00	3 248.00	838.00	

复核：宋勇　　　　制表：任丹

图 6-51

业务 26 完善应交城建税及教育费附加计算表，见图 6-52。

应交城建税及教育费附加计算表

2023年12月

税种	计税依据			税率	应纳税金额
	增值税	消费税	合计		
城建税				7%	
教育费附加				3%	
合计					

复核：宋勇　　　　制表：任丹

图 6-52

业务 27 将 12 月份发生本月所有损益类账户余额结转到本年利润中。

业务 28 计算全年应纳所得税并计算本月应计提所得税费用，见图 6-53。

所得税计算表

2023年12月31日

全年利润总额	其中：中库券利息收入	超过扣税标准的业务待费	应纳税所得额
	5 600	3 200	
税率	25%	全年应纳所得税	
1-11月已计提	330 000	本月应计提	

复核：宋勇　　　　制表：任丹

图 6-53

业务 29 结转本月计提所得税费用。

业务 30 将本年净利润账户余额结转到利润分配中。

业务 31 完善盈余公积计算表，并进行账务处理，见图 6-54。

盈余公积计算表

2023年12月31日

全年税后净利润	法定盈余公积10%	公益金5%	合计

复核：宋勇　　　　制表：任丹

图 6-54

业务 32 将利润分配各明细发生额结转至“利润分配——未分配利润”。

附录

综合实训参考答案

项目一　原始凭证填制与审核

实训一　　原始凭证的填制实训

2023 年 10 月华月股份有限公司发生的有关交易或事项如下：

1. 10 月 3 日，因购买材料，将 10 月 2 日收到恒盛股份有限公司的转账支票背书转让给天马股份有限公司。银行预留印鉴：华月股份有限公司财务专用章，公司法人苏锦达。答案见答案图 1。

附加信息	被背书人：天马股份有限公司	被背书人：
	华月股份有限公司 财务专用章　达苏 印锦 背书人签章 2023 年 10 月 03 日	背书人签章 年　月　日

答案图 1

2. 10 月 4 日，签发银行承兑汇票 56 000 元用于支付东景股份有限公司货款。到期日：2023 年 11 月 4 日。东景股份有限公司开户行：中国工商银行北京宣武区支行，账号：36795013135672；华月股份有限公司开户行：中国建设银行保定市竞秀区支行，账号：41652038966334；银行预留印鉴：华月股份有限公司财务专用章，公司法人苏锦达。见答案图 2。

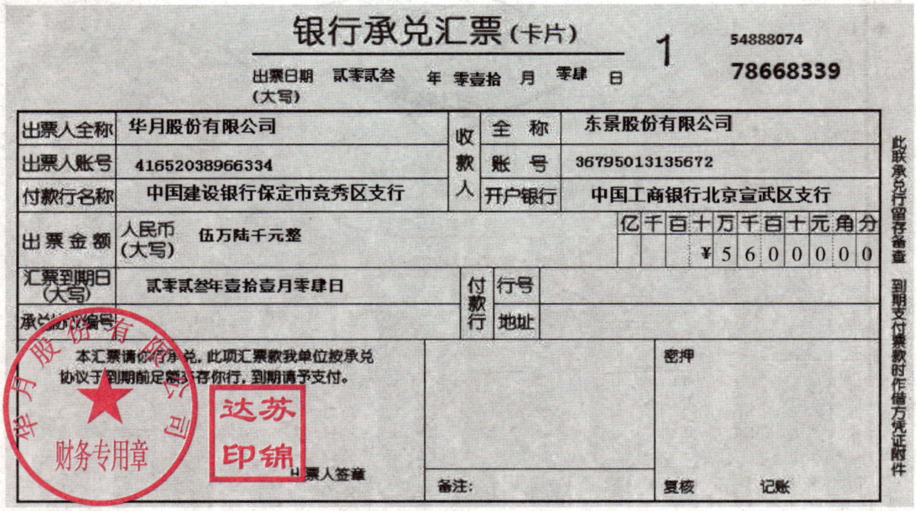

银行承兑汇票（卡片）　1　54888074　78668339

出票日期（大写）　贰零贰叁　年　零壹拾　月　零肆　日

出票人全称	华月股份有限公司	收款人	全　称	东景股份有限公司
出票人账号	41652038966334		账　号	36795013135672
付款行名称	中国建设银行保定市竞秀区支行		开户银行	中国工商银行北京宣武区支行
出票金额	人民币（大写）伍万陆千元整		亿千百十万千百十元角分	￥5600000
汇票到期日（大写）	贰零贰叁年壹拾壹月零肆日	付款行	行号	
承兑协议编号			地址	

本汇票请你行承兑，此项汇票款我单位按承兑协议于到期前足额交存你行，到期请予支付。

华月股份有限公司 财务专用章　达苏 印锦

出票人签章　　备注：　　密押　　复核　　记账

此联承兑行留存备查　到期支付票款时作借方凭证附件

答案图 2

3. 10 月 10 日，公司出纳王鸥将持有的银行承兑汇票按照月贴现率 0.35%贴现，填写贴现凭证，办理贴现手续。银行预留印鉴：华月股份有限公司财务专用章，公司法人苏锦达。见答案图 3~答案图 5。

被背书人 中国建设银行保定市竞秀区支行	被背书人	被背书人	（贴粘单处）
华月股份有限公司 财务专用章　达苏印锦 背书人签章 2023年10月10日	背书人签章 年　月　日	背书人签章 年　月　日	

答案图 3

中国工商银行 **贴现凭证**（代申请书）　1

申请日期 2023 年 10 月 10 日　　　　No 0031281

贴现汇票	种类	银行承兑汇票	号码 70852356	申请人	名称	华月股份有限公司
	出票日	2023 年 08 月 20 日			账号	41652038966334
	到期日	2023 年 11 月 20 日			开户银行	中国建设银行保定市竞秀区支行
汇票承兑人（或银行）	名称	福隆股份有限公司	账号 105651327380862		开户银行	中国建设银行武汉江岸区支行
汇票金额（即贴现金额）	人民币（大写）：**陆万叁仟元整**				千百十万千百十元角分	¥ 6 3 0 0 0 0 0
贴现率 每 月	3.5 ‰	贴现利息 千百十万千百十元角分 ¥ 3 2 3 4 0		实付贴现额	千百十万千百十元角分	¥ 6 2 6 7 6 6 0
根据《银行结算办法》，附送承兑汇票申请提现。 请审核。 华月股份有限公司 财务专用章　达苏印锦 申请人盖章 2023 年 10 月 10 日			银行审批	负责人： 信贷员：	复核	记账

答案图 4

应收票据备查簿

票据基本情况								承兑人名称	背书人名称	送票人	贴现				背书转让				到期收款				领票人
出票人名称	出票日			到期日			票面金额				日期			净额	日期			被背书人	日期			金额	
	年	月	日	年	月	日					年	月	日		年	月	日		年	月	日		
福隆股份有限公司	2023	8	20	2023	11	20	¥63 000.00	中国建设银行武汉江岸区支行	华月股份有限公司	林杨	2023	10	10	¥62 676.60									

答案图 5

4. 10 月 11 日，销售部职工王峰赴大连开商品展销会，经批准向财务科借差旅费 3 000 元，财务人员李丽审核无误后付现金并填制借款单，见答案图 6。

借款单

2023年10月11日

部　门		销售部		借款事由		赴大连开商品展销会	
借款金额		金额（大写）叁仟元整			¥ 3 000.00		
批准金额		金额（大写）叁仟元整			¥ 3 000.00		
支付方式：　1.现金　2.转账　3.其他				现金付讫			
单位负责人	苏锦达	部门领导	黄静	财务主管	李丽	借款人	王峰

答案图 6

5. 10 月 18 日，向辽阳市洗衣粉制造厂购进甲材料 100 千克，取得增值税发票上注明单价每千克 85 元，增值税 1 105 元，增值税发票号 11102578；取的运费增值税发票注明运费 3 000 元，增值税 270 元；保险费 200 元，装卸费 500 元。材料验收入原材料库。这是本月第三笔入库业务。由原材料库负责人刘刚和仓库收料员钱华共同组织验收，财务部会计李江填制领料单，财务部主任李丽复核。见答案图 7。

材料入库单

供应单位：辽阳市洗衣粉制造厂　　　　仓库：原材料库

发票号：11102578　　　　2023年 10 月18日　　　　收字第3号

	材料名称	规格材质	计量单位	应收数量	实收数量	单价	金额 千	百	十	万	千	百	十	元	角	分
	甲材料		千克	100	100	85.00					8	5	0	0	0	0
				运杂费		37.00					3	7	0	0	0	0
				合计		122.00			¥	1	2	2	0	0	0	0
备注																

第二联记账联

仓库负责人：刘刚　　　收料员：钱华　　　审核：李丽　　　制单：李江

答案图 7

6. 10 月 19 日，王峰开会回来报销差旅费，填制差旅费报销单，并由出纳根据差旅费报销单开出收据一张。10 月 13 日至 18 日，销售部王峰到大连开商品展销会，来回发生火车票共计 760 元，住宿费 1 350 元(含增值税，税率 6%)。企业报销标准每天出差补助 100 元，住宿费补助标准每晚 250 元，超过标准不予报销；出差前向财务部预借 3 000 元。由王峰填制差旅费报销单，并由出纳根据差旅费报销单开出收据一张。单位领导：苏锦达，销售部门领导：黄静，账务部主任：李丽，出纳：王鸥。见答案图 8、答案图 9。

差旅费报销单

部门：销售部　　　　2023 年 10 月19日

姓名	王峰			出差事由		赴大连开商品展销会				出差自 2023 年10月13日 至 2023年10月18日				共 6 天	
起讫时间及地点						车船票		出差补助费			住宿费补费			其他	
月	日	起	月	日	讫	类别	金额	时间	标准	金额	日数	标准	金额	摘要	金额
10	13	保定	10	13	大连	火车票	380.00	6	100.00	600.00	5	250.00	1 250.00		
10	18	大连	10	18	保定	火车票	380.00								
小计							760.00			600.00			1 250.00		
合计金额（大写）：¥2 610.00															
备注：预借3 000.00　　核销 2 610.00　　退补 390.00															

附单据　共

单位领导：苏锦达　　部门主管：黄静　　审核：李丽　　填报人：王峰

答案图 8

统一收款收据

2023年10月19日

交款单位或交款人	王峰	收款方式	现金
			备注：
事由	出差办事完毕，退回现金		现金收讫
金额：人民币叁佰玖拾元整		¥390.00	
收款人：王鸥		收款单位（盖章）	

华月股份有限公司 财务专用章

答案图 9

7. 10 月 30 日，分配结转制造费用 4 000 元，由会计李江制表，账务部主任李丽审核。见答案图 10。

制造费用结转表

2023年 10月30日

分配产品	工时	分配率	分配费用
丙产品	500	5.00	2 500.00
丁产品	300		1 500.00
合计	800		4 000.00

审核：李丽　　　　制表：李江

答案图 10

8. 10 月 30 日，计提 10 月份折旧费用，2023 年 9 月 2 日生产车间购入机械设备一台，原值 300 000 元，机械设备类净残值率 4%，预计使用 10 年；9 月 15 日销售部门购入汽车一辆，用于销售货物，原值 200 000 元，运输工具类预计净残值率 4%，预计使用年限 4 年；9 月 30 日，生产车间报废一栋厂房，原值 100 000 元，房屋建筑类预计净残值率 4%，预计使用 20 年；企业采用平均年限法计提折旧。财务部会计李江负责填制，财务部主任李丽复核。见答案图 11。

固定资产折旧计算表

2023年10月30日

使用单位	固定资产类别	月初折旧额	上月增加的固定资产应计提的折旧额	上月减少的固定资产应计提的折旧额	本月应计提折旧额
销售部门	运输工具	2 000.00	4 000.00		6 000.00
	办公电子设备	300.00			300.00
	合计	2 300.00	4 000.00		6 300.00
生产车间	机械设备	8 000.00	2 400.00		10 400.00
	房屋建筑物	2 000.00		400.00	1 600.00
	合计	10 000.00	2 400.00	400.00	12 000.00
厂部管理部门	房屋建筑	2 000.00			2 000.00
	办公电子设备	1 500.00			1 500.00
	合计	3 500.00			3 500.00
总计		15 800.00	6 400.00	400.00	21 800.00

审核：李丽　　　　填制：李江

答案图 11

9. 10 月 30 日，企业采用全月一次加权平均法计算结转丙产品销售成本。由财务部会计李江填制领料单，财务部主任李丽复核。期初产品库丙产品数量 1 000 件，单价 200 元，本期完工入库 3 000 件，单价 250 元本月销售丙产品 2 000 件。见答案图 12。

产品销售成本计算单

2023 年10 月30日

产品编号	产品名称	计量单位	期初		本月完工入库		单位成本	本月销售	
			数量	金额	数量	金额		数量	总金额
	丙产品	件	1 000	200 000.00	3 000	750 000.00	237.50	2 000	475 000.00
合　计			1 000	200 000.00	3 000	750 000.00		2 000	475 000.00

审核：李丽　　　　制表：李江

答案图 12

10. 10 月 30 日，根据本月应交增值税 5 000 元和消费税 800 元，计提城建税、教育费附加及地方教育附加。由会计李江制表，会计主管李丽审核。见答案图 13。

城建税教育及教育附加费计提表

2023年10月30日

税目名称	计提依据			计提比例	计提结果
	增值税	消费税	合计		
城市建设维护税	5 000.00	800.00	5 800.00	0.07	406.00
教育费附加	5 000.00	800.00	5 800.00	0.03	174.00
地方教育附加	5 000.00	800.00	5 800.00	0.02	116.00
合计	5 000.00	800.00	5 800.00	0.12	696.00

审核：李丽　　　　制表：李江

答案图 13

实训二　原始凭证的审核实训

1. 此原始凭证错误有以下几点：借款人王敏没有签名盖章；还要有“现金付讫”章。见答案图 14。

借　款　单

2023年4月3日

部 门		供应科		借款事由：参加订货会
借款金额(人民币大写)贰仟元整				¥2 000.00　现金付讫
批准金额(人民币大写)贰仟元整				¥2 000.00
领导	苏锦达	财务主管	李丽	借款人：王敏

答案图 14

2. 此原始凭证错误有以下几点：领料部门没有填写；工作项目没有填写；用途没有说明；仓库负责人、记账、领料都没有相关人员签名盖章。见答案图 15。

领　料　单

领料部门：生产车间　　　　2023年4月8日

材料		单位	数量		计划单价	金额	过账
规格及名称			请领	实发			
甲材料		千克	40	40	80.00	3 200.00	
乙材料		千克	30	30	70.00	2 100.00	
工作单号	1220	用途	生产锁具				
工作项目	调和						

仓库负责人：刘刚　　制单：李江　　发料：钱华　　领料：张静

答案图 15

3. 此笔业务中增值税发票有以下几点错误：金额大写有错，应为“壹拾柒万伍仟伍佰元整”字，应该紧挨着人民币写，中间不要留有空隙；转账支票中日期大写里“玖”日应为“零玖”日。见答案图16。

中国工商银行转账支票

No. 33889890

出票日期（大写）贰零贰叁年肆月零玖日　　付款行名称：中国工商银行保定市民主路支行

收款人：华月股份有限公司　　出票人账号：80405412936457

本支票付款期限十天

人民币（大写）壹拾柒万伍仟伍佰元整

百	十	万	千	百	十	元	角	分
¥	1	7	5	5	0	0	0	0

用途 购货款

4569-5671-4003-8431

上列款项请从我账户内支付

出票人签章　　复核　　记账

明珠有限公司 财务专用章　　肖梅 印

答案图16

4. 转账支票中日期大写里“壹拾”日应为“零壹拾”日；出票人账号应该有；应该有销货单位财务专用章和企业法人章；左边栏里收款人应填上，金额有错。见答案图17。

中国建设银行

转账支票存根

No.33889990

附加信息

出票日期2023年4月10日

收款人：华月股份有限公司

金　额：¥38 566.30

用　途：发工资

单位主管　会计

中国建设银行转账支票

No. 33889990

出票日期（大写）贰零贰叁年肆月零壹拾日　　付款行名称：中国建设银行保定市竞秀区支行

收款人：华月股份有限公司　　出票人账号：41652308966334

本支票付款期限十天

人民币（大写）叁万捌仟伍佰陆拾陆元叁角整

百	十	万	千	百	十	元	角	分
	¥	3	8	5	6	6	3	0

用途 发工资

1234-5671-4003-567■

上列款项请从我账户内支付

出票人签章　　复核　　记账

华月股份有限公司 财务专用章　　达苏 印锦

答案图17

5. 此笔业务中钢笔的金额计算有错，应该为177.6元，这样全部金额也是错的，应该为297.6元，金额大写为人民币贰佰玖拾柒元陆角整。见答案图18。

河北省商品销售统一发票

客户名称及地址：华月股份有限公司　　2023年4月18日 填制

品名规格	单位	数量	单价	金额 万	千	百	十	元	角	分
笔记本	本	20	6.00			1	2	0	0	0
钢 笔	支	12	14.80			1	7	7	6	0
合 计					¥	2	9	7	6	0
合计金额（大写）贰佰玖拾柒元陆角整										

第二联 发票

保定创建有限公司 发票专用章

填票人：刘静　　收款人：王丽鹃　　单位名称（盖章）

答案图18

项目二　记账凭证填制

实训答案

分录如下：

实训资料 1：借：银行存款　　700 000
　　贷：实收资本——凯旋公司　　60 000
　　　　资本公积——资本溢价　　100 000

实训资料 2：借：固定资产——机器 B　　71 800
　　应交税费——应交增值税(进项税金)　　9 262
　　贷：银行存款　　81 062

实训资料 3：借：管理费用　　600
　　贷：库存现金　　600

实训资料 4：借：在途物资——甲材料　　74 760
　　应交税费——应交增值税(进项税金)　　9 718.8
　　贷：应付票据——天马公司　　844 778.8

实训资料 5：借：原材料——乙材料　　-37 440
　　应交税费——应交增值税(进项税金)　　-4 867.2
　　借：银行存款　　42 307.2

实训资料 6：借：应收票据——北京捷顺公司　　734 500
　　贷：主营业务收入——丙产品　　650 000
　　　　应交税费——应交增值税(销项税金)　　84 500

实训资料 7：借：管理费用——维修费　　5 000
　　应交税费——应交增值税(进项税金)　　650
　　贷：银行存款　　5 650

实训资料 8：借：其他应收款——王凤　　3 000
　　贷：库存现金　　3 000

实训资料 9：借：应收账款——北京浩格公司　　292 484
　　贷：主营业务收入——丙产品　　134 400
　　　　主营业务收入——丁产品　　122 400
　　　　应交税费——应交增值税(销项税金)　　33 384
　　　　银行存款　　2 300

实训资料 10：借：预付账款——中保保定分公司　　3 000
　　贷：银行存款　　3 000

实训资料 11：借：银行存款　　500 000
　　贷：短期借款　　500 000

实训资料 12：借：银行存款　　56 000
　　贷：应收账款——宏大公司　　56 000

实训资料 13：	借：银行存款	292 484	
	贷：应收账款——北京浩格公司		292 484
实训资料 14：	借：应付账款——大发钢铁厂	70 000	
	贷：银行存款		70 000
实训资料 15：	借：库存现金	1 000	
	贷：其他应收款——林红		1 000
实训资料 16：	借：库存现金	800	
	贷：其他业务收入		707. 96
	应交税费——应交增值税——销项税金		920. 04
实训资料 17：	借：生产成本——丙	13 846. 8	
	——丁	7 553. 2	
	制造费用	7 200	
	管理费用	54 100	
	销售费用	12 900	
	贷：应付职工薪酬——应付工资		95 600
实训资料 18：	借：生产成本——丙	3 835. 7	
	——丁	2 092. 1	
	制造费用	1 994. 4	
	管理费用	14 985. 7	
	销售费用	3 573. 3	
	贷：应付职工薪酬——应付社保费		26 481. 2
实训资料 19：	借：生产成本——丙	831. 05	
	——丁	452. 95	
	制造费用	432	
	管理费用	3 153	
	销售费用	774	
	贷：应付职工薪酬——住房公积金		5 643
实训资料 20：	借：制造费用	1 500	
	销售费用	180	
	管理费用	960	
	应交税费——应交增值税（进项税金）	343. 2	
	贷：应付账款——供电公司		2 983. 2
实训资料 21：	借：生产成本——丙产品	284 040	
	——丁产品	275 640	
	贷：原材料——甲材料		344 400
	——乙材料		215280
实训资料 22：	借：财务费用	1 111. 11	
	贷：应付利息		1 111. 11

实训资料 23：借：管理费用　700
制造费用　500
贷：预付账款——财产保险费　800
——报刊杂志费　400

实训资料 24：借：制造费用　7 792
管理费用　3 117
销售费用　4 000
贷：累计折旧　14 909. 5

实训资料 25：借：待处理财损益——待处理流动资产损益　180. 8
贷：原材料——甲材料　160
应交税费——应交增值税——进项税额转出　20. 8

实训资料 26：借：生产成本——丙　29 647. 2
——丁　16 171. 35
贷：制造费用　45 818. 55

实训资料 27：借：库存商品——丙　600 000
——丁　687 500
贷：生产成本——丙　600 000
——丁　687 500

实训资料 28：借：主营业务成本——丙　537 600
——丁　221 000
贷：库存商品——丙　537 600
——丁　221 000

项目三　账簿填制

实训答案

第一步：写分录

业务 1：6 月 2 日填写现金支票。见答案图 19。

中国工商银行
现金支票存根（冀）
ⅥⅡ01514508

附加信息

出票日期　2023　年　6　月　2　日
收款人：华邦股份有限公司
金额：¥8 000.00
用途：提取现金备用
单位主管　　会计

本支票付款期十天

中国工商银行现金支票（冀）　ⅥⅡ01514508

出票日期（大写）贰零贰叁年陆月零贰日　付款行名称：工行保定市人民路分理处
收款人：华邦股份有限公司　出票人账号：18054311002533

人民币（大写）捌仟元整	千	百	十	万	千	百	十	元	角	分
				¥	8	0	0	0	0	0

用途：提取现金备用
上列款项请从
我账户内支付
出票人签章

华邦股份有限公司 财务专用章
张涛之印

科目（借）
对方科目（贷）
付讫日期　年　月　日
出纳　复核　记账

答案图 19

分录如下：
总字 1
付字 1
借：库存现金　　8 000
　　贷：银行存款　　8 000
业务 2：6 月 11 日填写借支单，见答案图 20。

华邦股份有限公司借支单

2023年 6月11日

姓　名	李伟	工作部门	供应部	职务	部长
借款原因	北京出差		领导审批	之张印涛	同意
借支金额	人民币（大写）叁仟贰佰元整			¥3 200.00	
备　注	现金付讫				

出纳：罗中　　借款人：李伟

答案图 20

分录如下：
总字 2
付字 2
借：其他应收款——李伟　　3 200
　　贷：库存现金　　3 200
业务 3：6 月 15 日
总字 3
付字 3
借：原材料——生铁　　16 000
　　　　——钢材　　90 000
　　应交税费——应交增值税（进项税金）　　13 780
　　贷：银行存款　　119 780
业务 4：6 月 20 日
总字 4
转字 1
借：应收账款——河北电动汽车公司　　185 320
　　贷：主营业务收入——光学仪器　　104 000
　　　　　　——精密仪器　　60 000
　　　　应交税费——应交增值税（销项税金）　　21 320

业务 5：6 月 22 日

总字 5

收字 1

借：银行存款　　12 160

　　贷：应收账款——承德三一公司　　12 160

业务 6：6 月 28 日

总字 6

付字 4

借：应付职工薪酬——工资　　48 000

　　贷：银行存款　　48 000

业务 7：6 月 29 日

总字 7

付字 5

借：管理费用——办公费　　1 000

　　贷：库存现金　　1 000

业务 8：6 月 30 日，由于发出存货采用加权平均法，只有到月底才能计算出发出材料单价。应就生铁和钢材分别计算。

生铁平均单价 =（期初金额+本月入库金额）÷（期初数量+本月入库数量）

=（96 000+16 000）÷（24+4）= 4 000

钢材平均单价 =（期初金额+本月入库金额）÷（期初数量+本月入库数量）

=（18 000+90 000）÷（2+10）= 9 000

根据以上计算，填制发料凭证汇总表。见答案图 21。

发料凭证汇总表

2023年6月30日　　单位：元

领料部门及用途	材料名称						合 计
	生铁			钢材			
	数量	单价	金额	数量	单价	金额	
生产光学仪器	8	4 000	32 000	2	9 000	18 000	50 000
生产精密仪器	10	4 000	40 000	5	9 000	45 000	85 000
车间一般耗用	1	4 000	4 000				4 000
行政管理部门耗用				0.5	9 000	4 500	4 500
合 计	19	4 000	76 000	7.5	9 000	67 500	143 500

审核：沈方　　制单：伍全

答案图 21

总字 8

转字 2

借：生产成本——光学仪器　　50 000

　　　　——精密仪器　　85 000

　　　　——制造费用　　4 000

　　管理费用——材料　　4 500

贷：原材料——生铁 76 000

——钢材 67 500

业务 9：6 月 30 日

总字 9

转字 3：

借：生产成本——光学仪器 8 000

——精密仪器 12 000

制造费用 19 000

管理费用——工资 5 000

销售费用——工资 6 000

贷：应付职工薪酬 50 000

业务 10：6 月 30 日

总字 10

转字 4：

借：制造费用 6 000

管理费用——折旧 500

销售费用——折旧 400

贷：累计折旧 6 900

业务 11：6 月 30 日

分配制造费用。汇总制造费用金额＝4 000+19 000+6 000＝29 000

按照工时分配，分配率＝制造费用总数÷工时总数＝29 000÷（4 000+6 000）＝2. 9

光学仪器应分配＝4 000×2. 9＝11 600

精密仪器应分配＝6 000×2. 9＝17 400

总字 11

转字 5：

借：生产成本——光学仪器 11 600

——精密仪器 17 400

贷：制造费用 29 000

业务 12：6 月 30 日，根据资料填制产品入库单。详见答案图 22。

产品入库单

产品名称	数量	项目			合计
		直接材料	直接人工	制造费用	
光学仪器	70	50 000.00	8 000.00	11 600.00	69 600.00
精密仪器	70	85 000.00	12 000.00	17 400.00	114 400.00

答案图 22

总字 12

转字 6

借：库存商品——光学仪器 69 600

——精密仪器 114 400

贷：生产成本——光学仪器　　69 600
——精密仪器　　114 400

业务 13：6 月 30 日

由于发出存货采用加权平均法，应就光学仪器和精密分别计算。

光学仪器平均单价=(期初金额+本月入库金额)÷(期初数量+本月入库数量)

=(82 000+69 600)÷(82+70)=997.37

精密仪器平均单价=(期初金额+本月入库金额)÷(期初数量+本月入库数量)

=(64 000+114 400)÷(40+70)=1 621.82

根据以上计算，填制产品销售成本计算表。见答案图 23。

销售成本计算表

2023年 6月30日　　单位：元

产品名称	计量单位	销售数量	单位成本	总成本
光学仪器	个	80	997.37	79 789.6
精密仪器	个	30	1 621.82	48 654.6
合　计				

会计主管：张涛　　复核：沈方　　制单：伍全

答案图 23

总字 13

转字 7

借：主营业务成本——光学仪器　　79 789.6
——精密仪器　　48 654.6

贷：库存商品——光学仪器　　79 789.6
——精密仪器　　48 654.6

业务 14：应交增值税=销项税-(进项税金-进项税金转出)=21 320-13 780=7 540

应交城建税=7 540×7%=527.8

应交教育费附加=7 540×3%=226.2

根据以上计算，填制产品销售成本计算表。见答案图 24。

应交税费计算表

单位名称：保定天力锻压公司　　2023年6月30日　　金额单位：元

税种、税目	计税依据		适用税率	应交税费	备注
	项目	金额			
城建税	应交增值税	7 540.00	7%	527.80	
教育费附加	应交增值税	7 540.00	3%	226.20	
合计		7 540.00		754.00	

复核：沈方　　制单：伍全

答案图 24

总字 14

转字 8　结转未交增值税

借：应交税费——应交增值税——转出未交增值税　7 540

　贷：应交税费——未交增值税　7 540

总字 15

转字 9　计提应交城建税、教育费附加

借：税金及附加　754

　贷：应交税费——城建税　527.8

　　——教育费附加　226.2

业务 15：6 月 30 日

结转收入

总字 16

转字 10

借：主营业务收入——光学仪器　104 000

　——精密仪器　60 000

　贷：本年利润　164 000

结转费用

总字 17

转字 11

借：本年利润　146 598.2

　贷：管理费用——材料　4 500

　　——办公费　1 000

　　——工资　5 000

　　——折旧　500

　销售费用——工资　6 000

　　——折旧　400

　主营业务成本——光学仪器　79 789.6

　　——精密仪器　48 654.6

　税金及附加　754

第二步：登记账簿

① 登记日记账和明细账。

首先把分录填入写好的 Excel(电子表格)，见答案图 25。

然后利用“筛选”功能，分别进行现金日记账、银行存款日记账和各明细账的筛选，依次据以登记现金日记账、银行存款日记账和各明细账，当然在登记之前，先把期初余额登记好。

记录分录的**Excel**(电子表格)

名称	日期	摘要	总账	明细	借方金额	贷方金额
业务1	6.02	提现	库存现金		8 000	
业务1	6.02	提现	银行存款			8 000
业务2	6.11	预借差旅费	其他应收款	李伟	3 200	
业务2	6.11	预借差旅费	库存现金			3 200
业务3	6.15	购入原材料	原材料	生铁	16 000	
业务3	6.15	购入原材料	原材料	钢材	90 000	
业务3	6.15	购入原材料	应交税费	应交增值税(进项税金)	13 780	
业务3	6.15	购入原材料	银行存款			119 780
业务4	6.20	销售	应收账款	河北电动汽车公司	185 320	
业务4	6.20	销售	主营业务收入	光学仪器		104 000
业务4	6.20	销售	主营业务收入	精密仪器		60 000
业务4	6.20	销售	应交税费	应交增值税(销项税金)		21 320
业务5	6.22	收回欠款	银行存款		12 160	
业务5	6.22	收回欠款	应收账款	承德三一公司		12 160
业务6	6.28	支付工资	应付职工薪酬	工资	48 000	
业务6	6.28	支付工资	银行存款			48 000
业务7	6.29	发生费用	管理费用	办公费	1 000	
业务7	6.29	发生费用	库存现金			1 000
业务8	6.30	领料	生产成本	光学仪器	50 000	
业务8	6.30	领料	生产成本	精密仪器	85 000	
业务8	6.30	领料	制造费用		4 000	
业务8	6.30	领料	管理费用	材料费	4 500	
业务8	6.30	领料	原材料	生铁		76 000
业务8	6.30	领料	原材料	钢材		67 500
业务9	6.30	计提工资	生产成本	光学仪器	8 000	
业务9	6.30	计提工资	生产成本	精密仪器	12 000	
业务9	6.30	计提工资	制造费用		19 000	
业务9	6.30	计提工资	管理费用	工资	5 000	
业务9	6.30	计提工资	销售费用	工资	6 000	
业务9	6.30	计提工资	应付职工薪酬	工资		50 000
业务10	6.30	计提折旧	制造费用		6 000	
业务10	6.30	计提折旧	管理费用	折旧费	500	
业务10	6.30	计提折旧	销售费用	折旧费	400	
业务10	6.30	计提折旧	累计折旧			6 900
业务11	6.30	结转制造费用	生产成本	光学仪器	11 600	
业务11	6.30	结转制造费用	生产成本	精密仪器	17 400	
业务11	6.30	结转制造费用	制造费用			29 000

名称	日期	摘要	总账	明细	借方金额	贷方金额
业务 12	6.30	产品入库	库存商品	光学仪器	69 600	
业务 12	6.30	产品入库	库存商品	精密仪器	114 400	
业务 12	6.30	产品入库	生产成本	光学仪器		69 600
业务 12	6.30	产品入库	生产成本	精密仪器		114 400
业务 13	6.30	结转成本	主营业务成本	光学仪器	79 789.6	
业务 13	6.30	结转成本	主营业务成本	精密仪器	48 654.6	
业务 13	6.30	结转成本	库存商品	光学仪器		79 789.6
业务 13	6.30	结转成本	库存商品	精密仪器		48 654.6
业务 14	6.30	结转增值税	应交税费	应交增值税(转出未交增值税)	7 540	
业务 14	6.30	结转增值税	应交税费	未交增值税		7 540
业务 15	6.30	计提城建税等	税金及附加		754	
业务 15	6.30	计提城建税等	应交税费	城建税		527.80
业务 15	6.30	计提城建税等	应交税费	教育费附加		226.20
业务 16	6.30	结转收入	主营业务收入	光学仪器	104 000	
业务 16	6.30	结转收入	主营业务收入	精密仪器	60 000	
业务 16	6.30	结转收入	本年利润			164 000
业务 17	6.30	结转费用	本年利润		146 598.2	
业务 17	6.30	结转费用	管理费用	办公费		1 000
业务 17	6.30	结转费用	管理费用	材料费		4 500
业务 17	6.30	结转费用	管理费用	工资		5 000
业务 17	6.30	结转费用	管理费用	折旧费		500
业务 17	6.30	结转费用	销售费用	工资		6 000
业务 17	6.30	结转费用	销售费用	折旧费		400
业务 17	6.30	结转费用	主营业务成本	光学仪器		79 789.60
业务 17	6.30	结转费用	主营业务成本	精密仪器		48 654.60
业务 17	6.30	结转费用	税金及附加			754

答案图 25

下面就是根据筛选结果登记的现金日记账、银行存款日记账和各明细账。

银行存款日记账

记账凭单			摘要	借方	贷方	借或贷	余额
月	日	顺序号					
6	1		期初余额			借	510 890.00
	2	付1	提现备用		8 000.00	借	502 890.00
	15	付3	购入生铁、钢材		119 780.00	借	383 110.00
	22	收4	收回承德三一公司欠款	12 160.00		借	395 270.00
	28	付4	支付工资		48 000.00	借	347 270.00
	30		本月合计	12 160.00	175 780.00	借	347 270.00

现金日记账

记账凭单			摘要	借方	贷方	借或贷	余额
月	日	顺序号					
6	1		期初余额			借	14 650.00
	2	付1	提现备用	8 000.00		借	22 650.00
	11	付2	预借差旅费		3 200.00	借	19 450.00
	29	付5	购买办公用品		1 000.00	借	18 450.00
	30		本月合计	8 000.00	4 200.00	借	18 450.00

应收账款 明 细 账

科目：河北电动汽车公司

记账凭单			摘要	借方	贷方	借或贷	余额
月	日	顺序号					
6	20	转1	销售光学仪器、精密仪器	185 320.00		借	185 320.00

应收账款 明 细 账

科目：承德三一公司

记账凭单			摘要	借方	贷方	借或贷	余额
月	日	顺序号					
6	1		期初余额			借	12 160.00
	22	收1	收回欠款		12 160.00	平	

主营业务收入 明 细 账

科目：光学仪器

记账凭单			摘要	数量	单价	借方	贷方	借或贷	余额
月	日	顺序号							
6	20	转1	向河北电动汽车有限公司销售	80	1 300.00		104 000.00		
6	30	转10	结转收入			104 000.00			
	30		本月合计	80		104 000.00	104 000.00	平	

原材料 明细账

总第　　页
分第　　页

类别

名称 生铁　　计量单位 吨　　规格　　编号

2023	年	凭证		摘要	借方			贷方			余额		
月	日	字	号		数量	单价	金额	数量	单价	金额	数量	单价	金额
6	1			期初余额							24	4 000.00	96 000.00
	15	付	3	向河北宝德华丰购入生铁	4	4 000.00	16 000.00				28		
	30	转	2	领用生铁				19			9		
	30			本月合计	4		16 000.00	19	4 000.00	76 000.00	9	4 000.00	36 000.00

原材料 明细账

总第　　页
分第　　页

类别

名称 钢材　　计量单位 吨　　规格　　编号

2023	年	凭 证		摘要	借方			贷方			余额		
月	日	字	号		数量	单价	金额	数量	单价	金额	数量	单价	金 额
6	1			期初余额							2	9 000.00	18 000.00
	15	付	3	向河北宝德华丰购入钢材	10	9 000.00	90 000.00				12		
	30	转	2	领用钢材				7.5	9 000.00	67 500.00	4.5	9 000.00	40 500.00
	30			本月合计	10		90 000.00	7.5		67 500.00	4.5	9 000.00	40 500.00

主营业务收入 明 细 账

科目：精密仪器

记账凭单			摘要	数量	单价	借方	贷方	借或贷	余额
月	日	顺序号							
6	20	转1	向河北电动汽车有限公司销售	30	2 000.00		6 000.00		
6	30	转10	结转收入			6 000.00			
	30		本月合计	30		6 000.00	6 000.00	平	

应交税费（应交增值税）													
2023年		凭证		摘要	借方			贷方				借或贷	余额
月	日	字	号		合计	进项税额	转出未交增值税	合计	销项税额	进项税额转出	出口退税		
6	15	付	3	向河北宝德华丰购入生铁钢材	13 780.00	13 780.00							
6	20	转	1	向河北电动汽车有限公司销售				21 320.00	21 320.00				
6	30	转	8	结转未交增值税	7 540.00		7 540.00						
9	30			本月合计	21 320.00	13 780.00	7 540.00	21 320.00	21 320.00				平

管理费用明细账

2023年		凭证	摘要	借	贷	余额	借方分析					
月	日						办公费	材料费用	工资	折旧		
6	25	付4	购买办公用品	1 000.00			1 000.00					
	30	转2	领料	4 500.00				4 500.00				
	30	转3	工资	5 000.00					5 000.00			
	30	转4	折旧	500.00						500.00		
	30	转11	结转费用		11 000.00		−1 000.00	−4 500.00	−5 000.00	−500.00		
	30		合计	11 000.00	11 000.00	0						

销售费用明细账

2023年		凭证	摘要	借	贷	余额	借方分析					
月	日						办公费	材料费用	工资	折旧		
	30	转3	工资	6 000.00					6 000.00			
	30	转4	折旧	400.00						400.00		
	30	转11	结转费用		6 400.00				–6 000.00	–400.00		
	30		合计	6 400.00	6 400.00	0						

生产成本明细账

产品名称：光学仪器　　　　2023年6月　　　　批量：70

2023年		凭证		摘要	成本项目			
月	日	类别	号数		直接材料	直接工资	制造费用	合计
6	30	转	2	领料	50 000.00			5 0000.0
	30	转	3	工资		8 000.00		8 000.00
	30	转	5	分配制造费用			11 600.00	11 600.00
	30			本月合计	50 000.00	8 000.00	11 600.00	69 600.00
	30	转	6	结转入库	–50 000.00	–8 000.00	–11 600.00	–69 600.00

生产成本明细账

产品名称：精密仪器　　　　2023年6月　　　　批量：70

2023年		凭证		摘要	成本项目			
月	日	类别	号数		直接材料	直接工资	制造费用	合计
6	30	转	2	领料	85 000.00			85000.0
	30	转	3	工资		12 000.00		12 000.00
	30	转	5	分配制造费用			17 400.00	17 400.00
	30			本月合计	85 000.00	12 000.00	17 400.00	11 4400.00
	30	转	6	结转入库	–85 000.00	–12 000.00	–17 400.00	–11 4400.00

库存商品　明细账

总第　　页
分第　　页
类别
名称 光学仪器　　　　计量单位 个　　　　规格　　　　编号

2023	年	凭证		摘要	借方			贷方			余额		
月	日	字	号		数量	单价	金额	数量	单价	金额	数量	单价	金额
6	1			期初余额							82	1 000.00	82 000.00
	30	转	6	入库	70	994.29	69 600.30				152		15 1600.30
	30	转	7	销售出库				80	997.37	79 789.6	72		71 810.4
	30			本月合计	70		69 600.30	80		79 789.6	72		71 810.4

库存商品 明细账

类别　　　　　　　　　　　　　　　　　　　　　　　　　　　　　总第　　页
名称 精密仪器　　　　计量单位 个　　　　规格　　　　　　　　　　分第　　页
　　　　　　　　　　　　　　　　　　　　　　　　　　　　　　　编号

2023	年	凭证		摘要	借方			贷方			余额		
月	日	字	号		数量	单价	金额	数量	单价	金额	数量	单价	金额
6	1			期初余额							40	1 600.00	64 000.00
	30	转	6	入库	70	1 634.29	114 400.00				110		178 400.00
	30	转	7	销售出库				30	1 621.82	48 654.6	80		129 745.4
	30			本月合计	70		114 400.00	80		48 654.6	80		129 745.4

主营业务收入 明 细 账

科目：光学仪器

记账凭单			摘要	数量	单价	借方	贷方	借或贷	余额
月	日	顺序号							
6	30	转7	销售出库	80	997.37	79 789.6			
6	30	转11	结转成本				79 789.6		
	30		本月合计	80		79 789.6	79 789.6	平	

主营业务成本 明 细 账

科目：精密仪器

记账凭单			摘要	数量	单价	借方	贷方	借或贷	余额
月	日	顺序号							
6	30	转7	销售出库	30	1 621.82	4 8654.6			
6	30	转11	结转成本				48 654.6		
	30		本月合计	30		48 654.6	48 654.6	平	

应交税费 明 细 账

科目：未交增值税

记账凭单			摘要	借方	贷方	借或贷	余额
月	日	顺序号					
6	30	转8	结转未交增值税		7 540.00	贷	7 540.00

其他应收款 明 细 账

科目：李伟

记账凭单			摘要	借方	贷方	借或贷	余额
月	日	顺序号					
6	11	付2	李伟预借差旅费	3 200.00		借	3 200.00

应交税费 明 细 账

科目：应交城建税

记账凭单			摘要	借方	贷方	借或贷	余额
月	日	顺序号					
6	30	转9	结转未交城建税		527.8	贷	527.8

应交税费 明 细 账

科目：教育附加费

记账凭单			摘要	借方	贷方	借或贷	余额
月	日	顺序号					
6	30	转9	结转未交教育附加费		226.2	贷	226.2

应收账款 明 细 账

科目：衡水天华公司

记账凭单			摘要	借方	贷方	借或贷	余额
月	日	顺序号					
6	1		期初余额			借	28 000.00

应付账款 明 细 账

科目：江苏红光商贸公司

记账凭单			摘要	借方	贷方	借或贷	余额
月	日	顺序号					
6	1		期初余额			贷	61 000.00

应付账款 明 细 账

科目：河南第五建设公司

记账凭单			摘要	借方	贷方	借或贷	余额
月	日	顺序号					
6	1		期初余额			贷	61 000.00

长期借款 明 细 账

科目：建设银行田心支行

记账凭单			摘要	借方	贷方	借或贷	余额
月	日	顺序号					
6	1		期初余额			贷	150 000.00

利润分配 明 细 账

科目：未分配利润

记账凭单			摘要	借方	贷方	借或贷	余额
月	日	顺序号					
6	1		期初余额			贷	72 000.00

② 登记总账：

首先把分录填入写好的 Excel（电子表格）。

然后，进行数据透视表的编辑，据此数据编制科目汇总表。

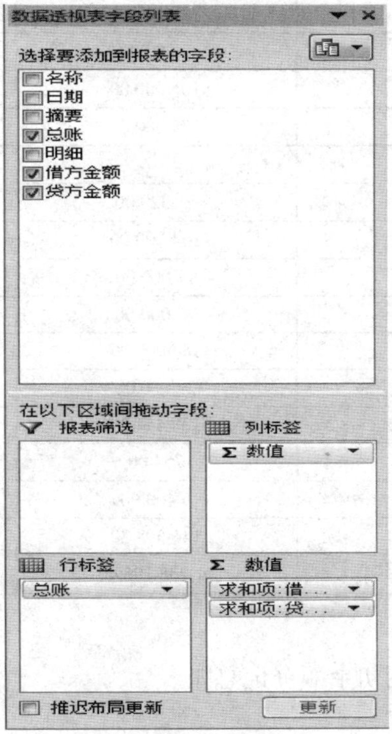

行标签	求和项：借方金额	求和项：贷方金额
本年利润	146598.2	164000
管理费用	11000	11000
库存商品	184000	128444.2
库存现金	8000	4200
累计折旧		6900
其他应收款	3200	
生产成本	184000	184000
税金及附加	754	754
销售费用	6400	6400
银行存款	12160	175780
应付职工薪酬	48000	50000
应交税费	21320	29614
应收账款	185320	12160
原材料	106000	143500
制造费用	29000	29000
主营业务成本	128444.2	128444.2
主营业务收入	164000	164000
总计	**1238196.4**	**1238196.4**

科目汇总表		科汇字第6–1号
2023年6月1日至30日		凭证总字1号至总字16号共16张
会计科目	本期发生额	
	借方	贷方
库存现金	8 000.00	4 200.00
银行存款	12 160.00	175 780.00
应收账款	185 320.00	12 160.00
其他应收款	3 200.00	
原材料	106 000.00	143 500.00
库存商品	184 000.00	128 444.20
累计折旧		6 900.00
应交税费	21 320.00	29 614.00
主营业务收入	164 000.00	164 000.00
管理费用	11 000.00	11 000.00
应付职工薪酬	48 000.00	50 000.00
生产成本	184 000.00	184 000.00
制造费用	29 000.00	29 000.00
主营业务成本	128 444.20	128 444.20
税金及附加	754.00	754.00
销售费用	6 400.00	6 400.00
本年利润	146 598.20	164 000.00
合计	¥1 238 196.40	¥1 238 196.40

根据此科目汇总表结合期初余额登记总账。

银行存款总账

2023年		凭证		摘要	借方	贷方	借或贷	余额
月	日	种类	号数					
6	1			期初余额			借	510 890.00
6	30	科汇	6–1	科汇字第6–1号汇总过入	12 160.00	175 780.00	借	347 270.00
6	30			本月合计	12 160.00	175 780.00	借	347 270.00

库存现金总账

2023年		凭证		摘要	借方	贷方	借或贷	余额
月	日	种类	号数					
6	1			期初余额			借	14 650.00
6	30	科汇	6–1	科汇字第6–1号汇总过入	8 000.00	4 200.00		18 450.00
6	30			本月合计	8 000.00	4 200.00	借	18 450.00

应收账款总账

2023年		凭证		摘要	借方	贷方	借或贷	余额
月	日	种类	号数					
6	1			期初余额			借	40 160.00
6	30	科汇	6–1	科汇字第6–1号汇总过入	185 320.00	12 160.00		213 320.00
6	30			本月合计	185 320.00	12 160.00	借	213 320.00

其他应收款总账

2023年		凭证		摘要	借方	贷方	借或贷	余额
月	日	种类	号数					
6	30	科汇	6–1	科汇字第6–1号汇总过入	3 200.00		借	3 200.00

原材料总账

2023年		凭证		摘要	借方	贷方	借或贷	余额
月	日	种类	号数					
6	1			期初余额			借	114 000.00
6	30	科汇	6–1	科汇字第6–1号汇总过入	106 000.00	143 500.00	借	76 500.00
6	30			本月合计	106 000.00	143 500.00	借	76 500.00

库存商品总账

2023年		凭证		摘要	借方	贷方	借或贷	余额
月	日	种类	号数					
6	1			期初余额			借	146 000.00
6	30	科汇	6–1	科汇字第6–1号汇总过入	184 000.00	128 444.20	借	201 555.80
6	30			本月合计	184 000.00	128 444.20	借	201 555.80

累计折旧总账

2023年		凭证		摘要	借方	贷方	借或贷	余额
月	日	种类	号数					
6	30	科汇	6–1	科汇字第6–1号汇总过入		6 900.00	贷	6 900.00

应交税费总账

2023年		凭证		摘要	借方	贷方	借或贷	余额
月	日	种类	号数					
6	30	科汇	6–1	科汇字第6–1号汇总过入	21 320.00	29 614.00	贷	8 294.00

主营业务收入总账

2023年		凭证		摘要	借方	贷方	借或贷	余额
月	日	种类	号数					
6	30	科汇	6–1	科汇字第6–1号汇总过入	164 000.00	164 000.00	平	

管理费用总账

2023年		凭证		摘要	借方	贷方	借或贷	余额
月	日	种类	号数					
6	30	科汇	6–1	科汇字第6–1号汇总过入	11 000.00	11 000.00	平	

应付职工薪酬总账

2023年		凭证		摘要	借方	贷方	借或贷	余额
月	日	种类	号数					
6	1			期初余额			贷	5 100.00
6	30	科汇	6–1	科汇字第6–1号汇总过入	48 000.00	50 000.00	贷	7 100.00
6	30			本月合计	48 000.00	50 000.00	贷	7 100.00

生产成本总账

2023年		凭证		摘要	借方	贷方	借或贷	余额
月	日	种类	号数					
6	30	科汇	6–1	科汇字第6–1号汇总过入	184 000.00	184 000.00	平	

制造费用总账

2023年		凭证		摘要	借方	贷方	借或贷	余额
月	日	种类	号数					
6	30	科汇	6–1	科汇字第6–1号汇总过入	29 000.00	29 000.00	平	

主营业务成本总账

2023年		凭证		摘要	借方	贷方	借或贷	余额
月	日	种类	号数					
6	30	科汇	6–1	科汇字第6–1号汇总过入	128 444.20	128 444.20	平	

税金及附加总账

2023年		凭证		摘要	借方	贷方	借或贷	余额
月	日	种类	号数					
6	30	科汇	6–1	科汇字第6–1号汇总过入	754.00	754.00	平	

销售费用总账

2023年		凭证		摘要	借方	贷方	借或贷	余额
月	日	种类	号数					
6	30	科汇	6–1	科汇字第6–1号汇总过入	6 400.00	6 400.00	平	

本年利润总账

2023年		凭证		摘要	借方	贷方	借或贷	余额
月	日	种类	号数					
6	1			期初余额			贷	54 000.00
6	30	科汇	6–1	科汇字第6–1号汇总过入	146 598.20	164 000.00	贷	71 401.80
6	30			本月合计	146 598.20	164 000.00	贷	71 401.80

固定资产总账

2023年		凭证		摘要	借方	贷方	借或贷	余额
月	日	种类	号数					
6	1			期初余额			借	250 000.00

应付账款总账

2023年		凭证		摘要	借方	贷方	借或贷	余额
月	日	种类	号数					
6	1			期初余额			贷	74 000.00

应付利息总账

2023年		凭证		摘要	借方	贷方	借或贷	余额
月	日	种类	号数					
6	1			期初余额			贷	10 600.00

长期借款总账

2023年		凭证		摘要	借方	贷方	借或贷	余额
月	日	种类	号数					
6	1			期初余额			贷	150 000.00

实收资本总账

2023年		凭证		摘要	借方	贷方	借或贷	余额
月	日	种类	号数					
6	1			期初余额			贷	560 000.00

盈余公积总账

2023年		凭证		摘要	借方	贷方	借或贷	余额
月	日	种类	号数					
6	1			期初余额			贷	64 000.00

利润分配总账

2023年		凭证		摘要	借方	贷方	借或贷	余额
月	日	种类	号数					
6	1			期初余额			贷	72 000.00

项目四　会计报表编制

实训一　资产负债表编制实训

资产负债表

编制单位：北华股份有限责任公司　　　　2023 年 8 月 31 日

单位：元

资产	年初数	年末数	负债及所有者权益	年初数	年末数
流动资产：			流动负债		
货币资金		1 425 000	短期借款		300 000
交易性金融资产		64 000	交易性金额负债		
应收票据		185 000	应付票据		120 000
应收账款		981 500	应付账款		520 000
预付账款		220 000	预收账款		265 000
应收利息			应付职工薪酬		18 000
应收股利			应交税费		102 000
其他应收款		5 000	应付利息		
存货		1 640 000	应付股利		22 800
一年内到期的非流动资产		50 000	其他应付款		2 000
其他流动资产			一年内到期的非流动负债		900 000
流动资产合计		4 570 500	其他流动负债		
非流动资产			流动负债合计		2 249 800
可供出售金融资产			非流动负债		
持有至到期投资		210 000	长期借款		1 020 000
长期应收款		50 000	应付债券		200 000
长期股权投资		260 000	长期应付款		600 000
投资性房地产			专项应付款		
固定资产		4 640 000	预计负债		
在建工程		360 000	递延所得税负债		4 500
工程物资		80 000	其他非流动负债		
固定资产清理			非流动负债合计		1 824 500
生产性生物资产			负债合计		4 074 300
无形资产		250 000	所有者权益（或股东权益）：		
开发支出			实收资本（或股本）		5 000 000
商誉			资本公积		301 200
长期待摊费用		80 000	减：库存股		
递延所得税资产			盈余公积		522 000
其他非流动资产			未分配利润		603 000
非流动资产合计		5 930 000	所有者权益合计		6 426 200
资产总额		10 500 500	负债和所有者权益总计		10 500 500

实训二　利润表的编制实训

利　润　表

单位：北华股份有限责任公司　　　　2023年10月　　　　单位：元

项目	上年数	本年数
一、营业收入	略	5 573 600
减：营业成本		3 110 500
税金及附加		8 000
销售费用		5 500
管理费用		5 500
研发费用		
财务费用		3 000
加：其他收益		
公允价值变动收益（损失以“–”号填列）		1 800
投资收益（损失以“–”号填列）		9 500
资产减值损失（损失以“–”号填列）		–4 700
资产处置收益（损失以“–”号填列）		–3 000
二、营业利润		2 441 100
加：营业外收入		30 000
减：营业外支出		5 000
其中：非流动资产处置损失		2 466 100
三、利润总额（亏损总额以“–”号填列）		
减：所得税费用		
四、净利润（净损失以“–”号填列）		
五、每股收益		
（一）基本每股收益		
（二）稀释每股收益		

单位负责人：　　　　会计主管：　　　　会计：

项目五　纳税申报表填制

实训一　一般纳税人增值税申报填制实训

增值税纳税申报表附列资料(一)

(本期销售情况明细)

税款所属时间：2023 年 10 月 1 日至 2023 年 10 月 31 日

纳税人名称(公章)：华乐股份有限公司　　　　金额单位：元(列至角分)

项目及栏次				开具增值税专用发票		开具其他发票		未开具发票		纳税检查调整		合计			服务、不动产和无形资产扣除项目本期实际扣除金额	扣除后	
				销售额	销项(应纳)税额	销售额	销项(应纳)税额	销售额	销项(应纳)税额	销售额	销项(应纳)税额	销售额	销项(应纳)税额	价税合计		含税(免税)销售额	销项(应纳)税额
				1	2	3	4	5	6	7	8	9=1+3+5+7	10=2+4+6+8	11=9+10	12	13=11−12	14=13÷(100%+税率或征收率)×税率或征收率
一、一般计税方法计税	全部征税项目	13%税率的货物及加工修理修配劳务	1	139 823.01	18 176.99	237 200.00	30 836.00	200 000.00	26 000.00			577 023.01	75 012.99	—	—	—	—
		13%税率的服务、不动产和无形资产	2														
		9%税率的货物及加工修理修配劳务	3											—	—	—	—
		9%税率的服务、不动产和无形资产	4														
		6%税率	5	71 000.00	4 260.00							71 000.00	4 260.00	75 260.00			
	其中：即征即退项目	即征即退货物及加工修理修配劳务	6	—	—	—	—	—	—	—	—			—	—	—	—
		即征即退服务、不动产和无形资产	7	—	—	—	—	—	—	—	—						

二、简易计税方法计税	全部征税项目	6%征收率	8							—	—			—	—	—	—
		5%征收率的货物及加工修理修配劳务	9a							—	—			—	—	—	—
		5%征收率的服务、不动产和无形资产	9b							—	—						
		4%征收率	10							—	—			—	—	—	—
		3%征收率的货物及加工修理修配劳务	11							—	—			—	—	—	—
		3%征收率的服务、不动产和无形资产	12							—	—						
		预征率　%	13a							—	—						
		预征率　%	13b							—	—						
		预征率　%	13c							—	—						
	其中：即征即退项目	即征即退货物及加工修理修配劳务	14	—	—	—	—	—	—	—	—			—	—	—	—
		即征即退服务、不动产和无形资产	15	—	—	—	—	—	—	—	—						
三、免抵退税	货物及加工修理修配劳务		16	—	—		—		—	—	—		—	—	—	—	—
	服务、不动产和无形资产		17	—	—		—		—	—	—		—				—
四、免税	货物及加工修理修配劳务		18				—		—	—	—		—	—	—	—	—
	服务、不动产和无形资产		19	—	—		—		—	—	—		—				—

增值税纳税申报表附列资料(二)

(本期进项税额明细)

税款所属时间：2023 年 10 月 1 日至 2023 年 10 月 31 日

纳税人名称：(公章)华乐股份有限公司　　金额单位：元(列至角分)

一、申报抵扣的进项税额

项目	栏次	份数	金额	税额
(一)认证相符的增值税专用发票	1=2+3	5	290 000.00	37 700.00
其中：本期认证相符且本期申报抵扣	2	5	290 000.00	37 700.00
前期认证相符且本期申报抵扣	3			
(二)其他扣税凭证	4=5+6+7+8a+8b	17	59 000.00	5 310.00
其中：海关进口增值税专用缴款书	5			
农产品收购发票或者销售发票	6	2	50 000.00	4 500.00
代扣代缴税收缴款凭证	7		—	
加计扣除农产品进项税额	8a	—	—	
其他	8b	15	9 000.00	810.00
(三)本期用于购建不动产的扣税凭证	9			
(四)本期用于抵扣的旅客运输服务扣税凭证	10			
(五)外贸企业进项税额抵扣证明	11	—	—	
当期申报抵扣进项税额合计	12=1+4+11	22	349 000.00	43 010.00

二、进项税额转出

项目	栏次	税额
本期进项税额转出额	13=14 至 23 之和	6 500.00
其中：免税项目用	14	
集体福利、个人消费	15	6 500.00
非正常损失	16	

简易计税方法征税项目用	17			
免抵退税办法不得抵扣的进项税额	18			
纳税检查调减进项税额	19			
红字专用发票信息表注明的进项税额	20			
上期留抵税额抵减欠税	21			
上期留抵税额退税	22			
异常凭证转出进项税额	23a			
其他应作进项税额转出的情形	23b			
三、待抵扣进项税额				
项目	栏次	份数	金额	税额
(一)认证相符的增值税专用发票	24	—	—	—
期初已认证相符但未申报抵扣	25			
本期认证相符且本期未申报抵扣	26			
期末已认证相符但未申报抵扣	27			
其中：按照税法规定不允许抵扣	28			
(二)其他扣税凭证	29=30至33之和			
其中：海关进口增值税专用缴款书	30			
农产品收购发票或者销售发票	31			
代扣代缴税收缴款凭证	32		—	
其他	33			
	34			
四、其他				
项目	栏次	份数	金额	税额
本期认证相符的增值税专用发票	35	5	290 000. 00	37 700. 00
代扣代缴税额	36	—	—	

增值税纳税申报表附列资料(三)

（服务、不动产和无形资产扣除项目明细）							
税款所属时间：2023年10月1日至2023年10月31日							
纳税人名称（公章）：华乐股份有限公司						金额单位：元（列至角分）	
项目及栏次		本期服务、不动产和无形资产价税合计额（免税销售额）	服务、不动产和无形资产扣除项目				
			期初余额	本期发生额	本期应扣除金额	本期实际扣除金额	期末余额
		1	2	3	4=2+3	5（5≤1且5≤4）	6=4–5
13%税率的项目	1						
9%税率的项目	2						
6%税率的项目（不含金融商品转让）	3	75 260.00					
6%税率的金融商品转让项目	4						
5%征收率的项目	5						
3%征收率的项目	6						
免抵退税的项目	7						
免税的项目	8						

增值税及附加税费申报表附列资料(四)

（税额抵减情况表）							
税款所属时间：2023年10月1日至2023年10月31日							
纳税人名称（公章）：华乐股份有限公司						金额单位：元（列至角分）	
一、税额抵减情况							
序号	抵减项目	期初余额	本期发生额	本期应抵减税额	本期实际抵减税额	期末余额	
		1	2	3=1+2	4≤3	5=3–4	
1	增值税税控系统专用设备费及技术维护费		280.00	280.00	280.00		
2	分支机构预征缴纳税款						
3	建筑服务预征缴纳税款						
4	销售不动产预征缴纳税款						
5	出租不动产预征缴纳税款						
二、加计抵减情况							
序号	加计抵减项目	期初余额	本期发生额	本期调减额	本期可抵减额	本期实际抵减额	期末余额
		1	2	3	4=1+2–3	5	6=4–5
6	一般项目加计抵减额计算						
7	即征即退项目加计抵减额计算						
8	合计						

增值税及附加税费申报表附列资料(五)

税（费）所属时间：2023年10月1日至2023年10月31日												
纳税人名称（公章）：华乐股份有限公司										金额单位：元（列至角分）		
税（费）种		计税（费）依据			税（费）率（%）	本期应纳税（费）额	本期减免税（费）额		试点建设培育产教融合型企业		本期已缴税（费）额	本期应补（退）税（费）额
		增值税税额	增值税免抵税额	留抵退税本期扣除			减免性质代码	减免税（费）额	减免性质代码	本期抵免金额		
		1	2	3	4	5=（1+2–3）×4	6	7	8	9	10	11=5–7–9–10
城市维护建设税	1	42 483.00			7	2 973.81			—	—		2 973.81
教育费附加	2	42 483.00			3	1 274.49						1 274.49
地方教育附加	3	42 483.00			2	849.66						849.66
合计	4	—	—	—	—	5 097.96	—		—			5 097.96

本期是否适用试点建设培育产教融合型企业抵免政策	□是	当期新增投资额	5	
		上期留抵可抵免金额	6	
	□否	结转下期可抵免金额	7	
可用于扣除的增值税留抵退税额使用情况		当期新增可用于扣除的留抵退税额	8	
		上期结存可用于扣除的留抵退税额	9	
		结转下期可用于扣除的留抵退税额	10	

增值税减免税申报明细表

税款所属时间：自2023年10月1日至2023年10月31日						
纳税人名称（公章）：华乐股份有限公司					金额单位：元（列至角分）	
一、减税项目						
减税性质代码及名称	栏次	期初余额	本期发生额	本期应抵减税额	本期实际抵减税额	期末余额
		1	2	3=1+2	4≤3	5=3–4
合计	1					
01129914《财政部关于增值税税控专用设备和技术维护费抵减增值税税额有关政策的通知》财税（2012）15号	2		280.00	280.00	280.00	
	3					
	4					
	5					
	6					
二、免税项目						
免税性质代码及名称	栏次	免征增值税项目	免税销售额扣除项目	扣除后免税销售额	免税销售额对应的进项税额	免税额
		1	2	3=1–2	4	5
合计	7					
出口免税	8		—	—	—	
其中：跨境服务	9		—	—	—	
	10				—	
	11				—	

增值税纳税申报表

（一般纳税人适用）

税款所属时间：2023年10月1日至2023年10月31日　　填表日期：2023年10月31日　　金额单位：元（列至角分）

纳税人识别号（统一社会信用代码）：　　所属行业：

纳税人名称：华乐股份有限公司	法定代表人姓名		注册地址		生产经营地址	
开户银行及账号		登记注册类型		电话号码		

项目		栏次	一般项目		即征即退项目	
			本月数	本年累计	本月数	本年累计
销售额	（一）按适用税率计税销售额	1				
	其中：应税货物销售额	2	648 023.01			
	应税劳务销售额	3	577 023.01			
	纳税检查调整的销售额	4				
	（二）按简易办法计税销售额	5				
	其中：纳税检查调整的销售额	6				
	（三）免、抵、退办法出口销售额	7			—	—
	（四）免税销售额	8			—	—
	其中：免税货物销售额	9			—	—
	免税劳务销售额	10			—	—
税款计算	销项税额	11	79 272.99			
	进项税额	12	43 010.00			
	上期留抵税额	13				—
	进项税额转出	14	6 500.00			
	免、抵、退应退税额	15			—	—
	按适用税率计算的纳税检查应补缴税额	16			—	—
	应抵扣税额合计	17=12+13-14-15+16	36 510.00	—		—
	实际抵扣税额	18（如17<11，则为17，否则为11）	36 510.00			
	应纳税额	19=11-18	42 762.99			
	期末留抵税额	20=17-18				—
	简易计税办法计算的应纳税额	21				
	按简易计税办法计算的纳税检查应补缴税额	22			—	—

税款计算	应纳税额减征额	23	280.00			
	应纳税额合计	24=19+21-23	42 482.99			
税款缴纳	期初未缴税额(多缴为负数)	25				
	实收出口开具专用缴款书退税额	26			—	—
	本期已缴税额	27=28+29+30+31				
	①分次预缴税额	28		—		—
	②出口开具专用缴款书预缴税额	29		—	—	—
	③本期缴纳上期应纳税额	30				
	④本期缴纳欠缴税额	31				
	期末未缴税额(多缴为负数)	32=24+25+26-27				
	其中：欠缴税额(≥0)	33=25+26-27		—		—
	本期应补(退)税额	34=24-28-29	42 482.99	—		—
	即征即退实际退税额	35	—	—		
	期初未缴查补税额	36			—	—
	本期入库查补税额	37			—	—
	期末未缴查补税额	38=16+22+36-37			—	—
附加税费	城市维护建设税本期应补(退)税额	39	2 973.81		—	—
	教育费附加本期应补(退)费额	40	1 274.49		—	—
	地方教育附加本期应补(退)费额	41	849.66		—	—

声明：此表是根据国家税收法律法规及相关规定填写的，本人(单位)对填报内容(及附带资料)的真实性、可靠性、完整性负责。

纳税人(签章)：　　　　年　月　日

经办人： 经办人身份证号： 代理机构签章： 代理机构统一社会信用代码：	受理人： 受理税务机关(章)：　　受理日期：　　年　月　日

A200000

中华人民共和国企业所得税月(季)度预缴纳税申报表(A 类)

税款所属期间：2023 年 04 月 01 日至 2023 年 06 月 30 日

纳税人识别号(统一社会信用代码)：137301006798400806

纳税人名称：河北天德机械制造有限责任公司　　金额单位：人民币元(列至角分)

优惠及附报事项有关信息									
项目	一季度		二季度		三季度		四季度		季度平均值
	季初	季末	季初	季末	季初	季末	季初	季末	
从业人数	100	120	120	140					120
资产总额(万元)	3 384. 84	4 317. 4	4 317. 4	3 427. 69					3 861. 84
国家限制或禁止行业	□是 ☑否				小型微利企业				☑是 □否
	附报事项名称								金额或选项
事项 1	(填写特定事项名称)								
事项 2	(填写特定事项名称)								

预缴税款计算		本年累计
1	营业收入	13 414 387. 00
2	营业成本	10 569 135. 15
3	利润总额	1 675 722. 11
4	加：特定业务计算的应纳税所得额	
5	减：不征税收入	
6	减：资产加速折旧、摊销(扣除)调减额(填写 A201020)	
7	减：免税收入、减计收入、加计扣除(7. 1+7. 2+…)	
7. 1	(填写优惠事项名称)	
7. 2	(填写优惠事项名称)	
8	减：所得减免(8. 1+8. 2+…)	
8. 1	(填写优惠事项名称)	
8. 2	(填写优惠事项名称)	

9	减：弥补以前年度亏损		
10	实际利润额(3+4-5-6-7-8-9)\ 按照上一纳税年度应纳税所得额平均额确定的应纳税所得额		1 675 722. 11
11	税率(25%)		0. 25
12	应纳所得税额(10×11)		418 930. 53
13	减：减免所得税额(13. 1+13. 2+…)		335 144. 42
13. 1	(填写优惠事项名称)		335 144. 42
13. 2	(填写优惠事项名称)		
14	减：本年实际已缴纳所得税额		16 181. 47
15	减：特定业务预缴(征)所得税额		
16	本期应补(退)所得税额(12-13-14-15)\ 税务机关确定的本期应纳所得税额		67 604. 64
汇总纳税企业总分机构税款计算			
17	总机构	总机构本期分摊应补(退)所得税额(18+19+20)	
18	总机构	其中：总机构分摊应补(退)所得税额(16×总机构分摊比例____%)	
19	总机构	财政集中分配应补(退)所得税额(16×财政集中分配比例____%)	
20	总机构	总机构具有主体生产经营职能的部门分摊所得税额(16×全部分支机构分摊比例____%×总机构具有主体生产经营职能部门分摊比例____%)	
21	分支机构	分支机构本期分摊比例	
22	分支机构	分支机构本期分摊应补(退)所得税额	
实际缴纳企业所得税计算			
23	减：民族自治地区企业所得税地方分享部分：☐免征 ☐减征：减征幅度____%	本年累计应减免金额[(12-13-15)×40%×减征幅度]	
24	实际应补(退)所得税额		

谨声明：本纳税申报表是根据国家税收法律法规及相关规定填报的，是真实的、可靠的、完整的。

纳税人(签章)：年 月 日

经办人： 经办人身份证号： 代理机构签章： 代理机构统一社会信用代码：	受理人： 受理税务机关(章)： 受理日期： 年 月 日

第二部分 综合模拟实训

综合实训参考答案

1. 分录的书写

先将业务 1 ~ 业务 23 的分录填入 Excel 表格中。

业务	日期	摘要	数量	总账	明细	借方金额	贷方金额
业务 1	12.01	借款		银行存款		300 000	
业务 1	12.01	借款		短期借款			300 000
业务 2	12.01	收取押金		银行存款		30 000	
业务 2	12.01	收取押金		其他应付款	押金		30 000
业务 3	12.05	投资		其他货币资金	存出投资款	800 000	
业务 3	12.05	投资		银行存款			800 000
业务 4	12.05	采购原材料入库	2 吨	原材料	钛	38 000	
业务 4	12.05	采购原材料入库		应交税费	应交增值税（进项税额）	4 860	
业务 4	12.05	采购原材料入库		银行存款			42 860
业务 5	12.05	发放工资		应付职工薪酬	应付工资	29 540	
业务 5	12.05	发放工资		银行存款			27 910
业务 5	12.05	发放工资		其他应付款	房租		1 630
业务 6	12.07	采购周转材料入库		周转材料		400	
业务 6	12.07	采购周转材料入库		应交税费	应交增值税（进项税额）	52	
业务 6	12.07	采购周转材料入库		应付账款	东方公司		452
业务 7-1	12.08	销售产品，收入已开票		应收票据	凯旋公司	56 500	
业务 7-1	12.08	销售产品，收入已开票		主营业务收入	普通机床		50 000
业务 7-1	12.08	销售产品，收入已开票		应交税费	应交增值税（销项税额）		6 500
业务 7-2	12.08	结转销售成本		主营业务成本	普通机床	30 000	
业务 7-2	12.08	结转销售成本	2 台	库存商品	普通机床		30 000
业务 8	12.11	收回欠款		银行存款		386 000	
业务 8	12.11	收回欠款		应收账款	博通公司		386 000
业务 9-1	12.11	销售产品，收入已开票		应收账款	鸿运公司	67 800	

续表

业务	日期	摘要	数量	总账	明细	借方金额	贷方金额
业务 9-1	12.11	销售产品，收入已开票		主营业务收入	普通机床		60 000
业务 9-1	12.11	销售产品，收入已开票		应交税费	应交增值税（销项税额）		7 800
业务 9-2	12.11	结转销售成本		主营业务成本	普通机床	30 000	
业务 9-2	12.11	结转销售成本	2 台	库存商品	普通机床		30 000
业务 10	12.15	贴现		银行存款		55 690.17	
业务 10	12.15	贴现		财务费用		809.83	
业务 10	12.15	贴现		应收票据	凯旋公司		56 500
业务 11	12.15	购入固定资产		固定资产		40 000	
业务 11	12.15	购入固定资产		应交税费	应交增值税（进项税额）	5 200	
业务 11	12.15	购入固定资产		银行存款			45 200
业务 12	12.16	购入安装的固定资产		在建工程		34 000	
业务 12	12.16	购入安装的固定资产		应交税费	应交增值税（进项税额）	4 260	
业务 12	12.16	购入安装的固定资产		银行存款			38 260
业务 13	12.18	固定资产验收		固定资产		34 000	
业务 13	12.18	固定资产验收		在建工程			34 000
业务 14-1	12.18	固定资产转入清理		固定资产清理		12 000	
业务 14-1	12.18	固定资产转入清理		累计折旧		8 000	
业务 14-1	12.18	固定资产转入清理		固定资产			20 000
业务 14-2	12.18	固定资产出售，未开票		银行存款		10 000	
业务 14-2	12.18	固定资产出售，未开票		固定资产清理			8 849.56
业务 14-2	12.18	固定资产出售，未开票		应交税费	应交增值税（销项税额）		1 150.44
业务 14-3	12.18	结转固定资产出售净损益		资产处置损益		3 150.44	
业务 14-3	12.18	结转固定资产出售净损益		固定资产清理			3 150.44
业务 15	12.19	购入钢材		原材料		400 000	
业务 15	12.19	购入钢材		应交税费	应交增值税（进项税额）	52 000	

续表

业务	日期	摘要	数量	总账	明细	借方金额	贷方金额
业务 15	12.19	购入钢材		应付账款	宏实公司		452 000
业务 16	12.19	支付广告费		销售费用		8 000	
业务 16	12.19	支付广告费		应交税费	应交增值税（进项税额）	480	
业务 16	12.19	支付广告费		银行存款			8 480
业务 17	12.22	支付培训费		应付职工薪酬	职工教育经费	8 000	
业务 17	12.22	支付培训费		银行存款			8 000
业务 18-1	12.24	销售产品，收入已开票		应收账款	华丰公司	751 450	
业务 18-1	12.24	销售产品，收入已开票		主营业务收入	精密机床		665 000
业务 18-1	12.24	销售产品，收入已开票		应交税费	应交增值税（销项税额）		86 450
业务 18-2	12.24	结转销售成本		主营业务成本	精密机床	504 000	
业务 18-2	12.24	结转销售成本	28 台	库存商品	精密机床		504 000
业务 19	12.25	租金收入，未开增值税票		银行存款		4 500	
业务 19	12.25	租金收入，未开增值税票		其业务收入			3 982.3
业务 19	12.25	租金收入，未开增值税票		应交税费	应交增值税（销项税额）		517.7
业务 20	12.25	预付保险费		预付账款	保险费	3 080	
业务 20	12.25	预付保险费		库存现金			3 080
业务 21	12.25	计提利息		财务费用		10 083.33	
业务 21	12.25	计提利息		应付利息			1 500
业务 21	12.25	计提利息		长期借款			9 583.33
业务 22	12.31	还短期贷款		财务费用		1 625	
业务 22	12.31	还短期贷款		短期借款		390 000	
业务 22	12.31	还短期贷款		银行存款			391 625
业务 23	12.31	计提工资		生产成本	普通机床(直接人工)	6 975	
业务 23	12.31	计提工资		生产成本	精密机床(直接人工)	6 975	
业务 23	12.31	计提工资		生产成本	数控机床(直接人工)	1 770	
业务 23	12.31	计提工资		制造费用		5 640	
业务 23	12.31	计提工资		管理费用		6 800	
业务 23	12.31	计提工资		销售费用		1 380	
业务 23	12.31	计提工资		应付职工薪酬	应付工资		29 540

业务 24

对填入 Excel 表格业务 1～业务 23 的分录进行数据筛选，进行“应交税费——应交增值税(进项税额)”和“应交税费——应交增值税(销项税额)”的数据筛选，并对其各自进行求和，见下图。

业务	日期	摘要	数量	总账	明细	借方金额	贷方金额
业务 4	12.05	采购原材料入库		应交税费	应交增值税(进项税额)	4 860	
业务 6	12.07	采购周转材料入库		应交税费	应交增值税(进项税额)	52	
业务 7-1	12.08	销售产品，收入已开票		应交税费	应交增值税(销项税额)		6 500
业务 9-1	12.11	销售产品，收入已开票		应交税费	应交增值税(销项税额)		7 800
业务 11	12.15	购入固定资产		应交税费	应交增值税(进项税额)	5 200	
业务 12	12.16	购入安装的固定资产		应交税费	应交增值税(进项税额)	4 260	
业务 14-2	12.18	固定资产出售，未开票		应交税费	应交增值税(销项税额)		1 150.44
业务 15	12.19	购入钢材		应交税费	应交增值税(进项税额)	52 000	
业务 16	12.19	支付广告费		应交税费	应交增值税(销项税额)	480	
业务 18-1	12.24	销售产品，收入已开票		应交税费	应交增值税(销项税额)		86 450
业务 19	12.25	租金收入，未开增值税票		应交税费	应交增值税(销项税额)		517.7
合计						66 852	102 418.1

据上表填制下表：

应交增值税计算表

2023年12月

当期销项税额	当期进项税额	当期进项税额转出	已交税金	应交增值税
102 418.14	66 852			35 566.14

制表：　　　　审核：

借：应交税费——应交增值税(转出未交增值税)　　35 566.14

　贷：应交税费——未交增值税　　35 566.14

并将其填入会计分录的 Excel 中。

业务 25

固定资产折旧计算表

2023年12月份

使用单位和固定资产类别		上月计提折旧额	上月增加的固定资产应计提的折旧额	上月减少的固定资产应计提的折旧额	本月应计提折旧额
生产车间	铸钢车间	4 200	600		4 800
	锻工车间	3 800	420	128	4 092
	铆焊车间	5 210		260	4 950
	一加工车间	3 680	400		4 080
	二加工车间	4 260			4 260
	总装车间	6 800	1 200		8 000
厂部管理部门		8 000			8 000
合计		35 950	2 620	388	38 182

借：制造费用　　30 182

　　管理费用　　8 000

　　贷：累计折旧　　38 182

并将其填入会计分录的 Excel 中。

业务 26

应交城建税及教育费附加计算表

2023年12月份

税种	计税依据			税率	应纳税金额
	增值税	消费税	合计		
城建税	35 566.14		35 566.14	7%	2 489.63
教育费附加	35 566.14		35 566.14	3%	1 066.98
合计					3 556.61

借：税金及附加　　3 556. 61

　　贷：应交税费——应交城建税　　2 489. 63

　　　　应交税费——教育费附加　　1 066. 98

并将其填入会计分录的 Excel 中。

业务 27

将业务 1～业务 26 的会计分录填入 Excel 中，对损益类科目进行“总账”筛选，筛选中损益类科目后，再将筛选出的损益类科目复制到电子表格中进行依次筛选，分别自动汇总求和，将结果摘抄，完成下面的分录。

借：主营业务收入　　775 000

　　其他业务收入　　3 982. 30

　　贷：主营业务成本　　564 000

资产处置损益	3 150. 44
财务费用	13 518. 16
管理费用	14 800
销售费用	9 380
税金及附加	3 556. 61
本年利润	170 577. 09

并将其填入会计分录的 Excel 中。

业务 28

(1) 将期初图 6-5 的损益类账户 1~11 月累计发生额分别进行借方、贷方求和，求出差额，即 1~11 月份的利润=贷方发生额-借方发生额=13 714 800-10 627 800=3 087 000

科目名称	借方发生额	贷方发生额
主营业务收入		13 500 000
主营业务成本	9 100 000	
营业税金及附加	30 000	
销售费用	240 000	
管理费用	874 000	
财务费用	265 000	
其他业务收入		132 600
其他业务支出	89 000	
投资收益		42 200
营业外收入		40 000
营业外支出	29 800	
所得税费用		
合计	10 627 800	13 714 800

(2) 求出全年的利润。全年利润 = 1 ~ 11 月的利润 + 12 月的利润 = 3 087 000 + 170 577. 09 = 3 257 577. 09

(3) 计算全年应纳所得税及本月计提所得税

所得税计算表

2023年12月31日　　　　单位：元

全年利润总额	其中：国库券利息收入	超过扣税标准的业务待费	应纳税所得额
3 257 577.09	5 600	3 200	3 255 177.09
税率	25%	全年应纳所得税	813 794.27
1-11月已计提	720 000	本月应计提	93 794.27

复核：　　　　制表：

复核：宋勇　　　　制表：任丹

借：所得税费用　　93 794.27

　　贷：应交税费——应交企业所得税　　93 794.27

并将其填入会计分录的 Excel 中。

业务 29　结转 12 月份所得税费用

借：本年利润　　93 794.27

　　贷：所得税费用　　93 794.27

业务 30　全年净利润 = (1 ~ 12 月份利润) + (1 ~ 12 月份所得税) = 3 257 577.09 - 813 794.27 = 2 443 782.82

借：本年利润　　2 443 782.82

　　贷：利润分配——未分配利润　　2 443 782.82

并将其填入会计分录的 Excel 中。

业务 31

盈余公积计算表

2023年12月31日

全年税后净利润	法定盈余公积10%	公益金5%	合计
2 443 782.82	244 378.28	122 189.14	366 567.42

复核：宋勇　　　　制表：任丹

借：利润分配——提取法定盈余公积　　244 378.28

　　利润分配——提取公益金　　122 189.14

　　贷：盈余公积——法定盈余公积　　244 378.28

　　　　盈余公积——公益金　　122 189.14

并将其填入会计分录的 Excel 中。

业务 32

借：利润分配——未分配利润　　366 567.42

　　贷：利润分配——提取法定盈余公积　　244 378.28

　　　　利润分配——提取公益金　　122 189.14

并将其填入会计分录的 Excel 中。

2. 填制账簿

(1) 明细账的填制：

对业务 1 ~ 业务 32 填入会计分录的 Excel 进行依次明细账筛选，首先登记明细账的期初余额后，并根据各明细账筛选结果进行各明细账的登记。此处略去各明细账和日记账登记结果。

(2) 总账的填制：

对业务 1 ~ 业务 32 填入会计分录的 Excel 进行数据表透视后，首先登记总账余额，并根据数据表透视结果编制科目汇总表，然后进行各总账的登记。此处略去各总账登记结果。

3. 编制会计报表

（1）编制资产负债表：

① 按照资产负债表的表编制方法，将业务 1～业务 32 的会计分录在 Excel 中进行总账的数据表透视，得出各科目的发生额，并进行数据筛选，将损益类、应收账款、预收账款、应付账款、预付账款、存货类、货币资金类、利润分配、本年利润等特殊科目的数据剔除，重新复制到另一 Excel 中，结合各自的期初余额，形成一般科目的期末余额，见下表。

一般科目的期末余额表

科目名称	借方期初余额	贷方期初余额	借方发生额	贷方发生额	期末余额
交易性金融资产	15 800				15 800
应收票据	250 000		56 500	56 500	250 000
其他应收款	6 000				6 000
长期股权投资	577 950				577 950
固定资产	1 605 000		74 000	20 000	1 659 000
累计折旧	−400 000		8 000	38 182	−430 182
在建工程	1 550 000		34 000	34 000	1 550 000
无形资产	655 000				655 000
长期待摊费用	125 166. 66				125 166. 66
短期借款		390 000	390 000	300 000	300 000
应付票据		0			0
其他应付款		0		31 630	31 630
应付职工薪酬		29 540	37 540	29 540	21 540
应交税费		0	102 418. 14	235 335. 16	132 917. 02
应付利息		19 166. 66		1 500	20 666. 66
长期借款		1 150 000		9 583. 33	1 159 583. 33
实收资本		5 550 000			5 550 000
盈余公积		100 000		366 567. 42	466 567. 42

② 利用“筛选”功能，依次筛选应收账款、预收账款、应付账款、预付账款、存货类、货币资金类、利润分配、本年利润等特殊科目的期末余额，结合期初余额，分别求出各自的期末余额，分别见应收账款、预收账款、应付账款、预付账款明细账的期末余额表、存货类科目期末余额表、货币资金类期末余额表、利润分配、本年利润期末余额表。

应收账款、预收账款、应付账款、预付账款明细账的期末余额表

科目	明细科目期初借方余额	明细科目期初贷方余额	明细科目借方发生额	明细科目贷方发生额	期末余额	
					明细科目借方余额	明细科目贷方余额
应收账款	405 100		819 250	386 000	1 224 350	386 000
应付账款		873 800		452 452		1 326 252
预付账款	10 000		3 080		13 080	

存货类科目期末余额表

科目	期初借方余额	期初贷方余额	借方发生额	贷方发生额	期末余额
原材料	754 000		438 000		1 192 000
库存商品	1 388 500			564 000	824 500
周转材料	186 600		400		187 000
生产成本			15 720		15 720
制造费用			35 822		35 822
合计					2 255 042

货币资金类期末余额表

科目	期初借方余额	期初贷方余额	借方发生额	贷方发生额	期末余额
库存现金	675 500			3 080	672 420
银行存款	2 759 500		786 190. 17	1 362 335	2 183 355. 2
其他货币资金	143 500		800 000		943 500
合计					3 799 275. 2

利润分配、本年利润期末余额表

科目	期初借方余额	期初贷方余额	借方发生额	贷方发生额	期末余额
本年利润		236 700	2 537 577. 1	170 577. 09	0
利润分配		228 110	733 134. 84	2 810 350. 2	2 305 325. 4
合计					2 305 325. 4

③ 根据以上资料填制资产负债表：

资产负债表

编制单位：华星机械制造有限责任公司 2023 年 12 月 31 日 单位：元

资产	年初数	年末数	负债及所有者权益	年初数	年末数
流动资产：			流动负债		
货币资金	3 578 500	3 799 275. 17	短期借款	390 000	300 000
交易性金融资产	15 800	15 800	交易性金额负债		
应收票据	250 000	250 000	应付票据		

续表

资产	年初数	年末数	负债及所有者权益	年初数	年末数
应收账款	405 100	1 224 350	应付账款	873 800	1 326 252
预付账款	10 000	13 080	预收账款		386 000
应收利息			应付职工薪酬	29 540	21 540
应收股利			应交税费		132 917.02
其他应收款	6 000	6 000	应付利息	19 166.66	20 666.66
存货	2 329 100	2 255 042	应付股利		
一年内到期的非流动资产			其他应付款		31 630
其他流动资产			一年内到期的非流动负债		
流动资产合计	6 594 500	7 563 547.17	其他流动负债		
非流动资产			流动负债合计	1 312 506.66	2 219 005.68
可供出售金融资产			非流动负债		
持有至到期投资			长期借款	1 150 000	1 159 583.33
长期应收款			应付债券		
长期股权投资	577 950	577 950	长期应付款		
投资性房地产			专项应付款		
固定资产	1 205 000	1 228 818	预计负债		
在建工程	1 550 000	1 550 000	递延所得税负债		
工程物资			其他非流动负债		
固定资产清理			非流动负债合计	1 150 000	1 159 583.33
生产性生物资产			负债合计	2 462 506.66	3 378 589.01
无形资产	655 000	655 000	所有者权益（或股东权益）：		
开发支出			实收资本（或股本）	5 550 000	5 550 000
商誉			资本公积		
长期待摊费用	125 166.66	125 166.66	减：库存股		
递延所得税资产			盈余公积	100 000	466 567.42
其他非流动资产			未分配利润	2 595 110	2 305 325.4
非流动资产合计	4 113 116.66	4 136 934.66	所有者权益合计	8 245 110	8 321 892.82
资产总额	10 707 616.66	11 700 481.83	负债和所有者权益总计	10 707 616.66	11 700 481.83

单位负责人：　　　　　　　　　　　　会计主管：　　　　　　　　会计：

（2）编制利润表：

① 按照利润表的编制方法，将业务 1~业务 32 的会计分录在 Excel 中进行总账的数据表透视，得出各科目的发生额，并进行数据筛选，将损益类科目筛选出，重新复制到另一 Excel 中，因为是编制 12 月份的利润表，所以此时利润表要反映全年损益情况，要结合各损益科目的 1~11 月累计发生额，形成各损益类科目的全年期末余额，见损益类科目全年期末余额表：

损益类科目全年期末余额表

科目名称	1~11月借方发生额	1~11月贷方发生额	12月借方发生额	12月贷方发生额	全年累计借方发生额	全年累计贷方发生额
主营业务收入		13 500 000		775 000		14 275 000
主营业务成本	9 100 000		564 000		9 664 000	
税金及附加	30 000		3 556. 61		33 556. 61	
销售费用	240 000		9 380		249 380	
管理费用	874 000		14 800		888 800	
财务费用	265 000		13 518. 16		278 518. 16	
其他业务收入		132 600		3 982. 3		136 582. 3
其他业务成本	89 000				89 000	
投资收益		42 200				42 200
营业外收入		40 000				40 000
营业外支出	29 800				29 800	
所得税费用	720 000			93 794. 27	813 794. 27	
资产处置损益			3 150. 44		3 150. 44	
合计					12 049 999. 48	14 493 782. 3

② 根据上述资料编制利润表。

利 润 表

编制单位：华星机械制造有限责任公司 2023 年 12 月 31 日 单位：元

项目	上年数	本年数
一、营业收入	略	14 411 582. 3
减：营业成本		9 753 000
税金及附加		33 556. 61
销售费用		24 938
管理费用		888 800
研发费用		
财务费用		278 518. 16
加：其他收益		
公允价值变动收益(损失以“-”号填列)		
投资收益(损失以“-”号填列)		42 200. 00
资产减值损失(损失以“-”号填列)		
资产处置收益(损失以“-”号填列)		-3 150. 44
二、营业利润		3 247 377. 09

续表

项目	上年数	本年数
加：营业外收入	略	40 000
减：营业外支出		29 800
其中：非流动资产处置损失		
三、利润总额(亏损总额以"-"号填列)		3 257 577.09
减：所得税费用		813 794.27
四、净利润(净损失以"-"号填列)		2 443 782.82
五、每股收益		
(一)基本每股收益		
(二)稀释每股收益		

单位负责人：　　　　　　　　　　会计主管：　　　　　　　　会计：

4. 编制增值税纳税申报报表

(1) 按照增值税纳税申报报表的编制方法，在业务1~业务32的会计分录的Excel中进行明细账的数据筛选，将"应交税费——应交增值税(销项税额)""应交税费——应交增值税(进项税额)"科目筛选出，据以编制增值税纳税申报报表。见"应交税费——应交增值税"明细账筛选表。

"应交税费-应交增值税"明细账筛选表

业务	日期	摘要	总账	明细	借方金额	贷方金额
业务6	12.07	采购周转材料入库	应交税费	应交增值税(进项税额)	52	
业务16	12.19	支付广告费	应交税费	应交增值税(进项税额)	480	
业务12	12.16	购入安装的固定资产	应交税费	应交增值税(进项税额)	4 260	
业务4	12.05	采购原材料入库	应交税费	应交增值税(进项税额)	4 860	
业务11	12.15	购入固定资产	应交税费	应交增值税(进项税额)	5 200	
业务15	12.19	购入钢材	应交税费	应交增值税(进项税额)	52 000	
业务19	12.25	租金收入，未开增值税票	应交税费	应交增值税(销项税额)		517.7
业务7-1	12.08	销售产品，收入已开票	应交税费	应交增值税(销项税额)		6 500
业务9-1	12.11	销售产品，收入已开票	应交税费	应交增值税(销项税额)		7 800
业务14-2	12.18	固定资产出售，未开票	应交税费	应交增值税(销项税额)		1 150.44
业务18-1	12.24	销售产品，收入已开票	应交税费	应交增值税(销项税额)		86 450
合计					668 52	102 418.14

(2) 据以上资料编制增值税纳税申报表。

① 首先进行附表一的填制，主要填制销项税额。要注意税率的不同，比如销售产品的税率是13%，而卖房屋的税率是9%；其次要注意有的销项税额是没有开票产生的，填入的地方要对号入座；还有租金收入也要注意，是动产租赁还是不动产租赁，税率是多少，填入的地方要对号入座。

② 然后是附表二的填制，主要是反映进项税额的，本题附表二相对简单。

附表一的填制

增值税及附加税费申报表附列资料(一)

(本期销售情况明细)

税款所属时间：2023 年 12 月 1 日至 2023 年 12 月 31 日

纳税人名称(公章)：华星机械制造有限责任公司　　　　金额单位：元(列至角分)

项目及栏次				开具增值税专用发票		开具其他发票		未开具发票		纳税检查调整		合计			服务、不动产和无形资产扣除项目本期实际扣除金额	扣除后	
				销售额	销项(应纳)税额	销售额	销项(应纳)税额	销售额	销项(应纳)税额	销售额	销项(应纳)税额	销售额	销项(应纳)税额	价税合计		含税(免税)销售额	销项(应纳)税额
				1	2	3	4	5	6	7	8	9=1+3+5+7	10=2+4+6+8	11=9+10	12	13=11-12	14 = 13 ÷ (100%+税率或征收率)×税率或征收率
一、一般计税方法计税	全部征税项目	13%税率的货物及加工修理修配劳务	1	775 000.00	100 750.00			8 949.46	1 150.44			783 849.56	101 900.44	—	—	—	—
		13%税率的服务、不动产和无形资产	2					3 982.30	517.70			3 982.30	517.70	4 500.00			
		9%税率的货物及加工修理修配劳务	3											—	—	—	—
		9%税率的服务、不动产和无形资产	4														
		6%税率	5														
	其中：即征即退项目	即征即退货物及加工修理修配劳务	6	—	—	—	—	—	—	—	—			—	—	—	—
		即征即退服务、不动产和无形资产	7	—	—	—	—	—	—	—	—						

二、简易计税方法计税	全部征税项目	6%征收率	8							—	—			—	—	—	—
		5%征收率的货物及加工修理修配劳务	9a							—	—			—	—	—	—
		5%征收率的服务、不动产和无形资产	9b							—	—						
		4%征收率	10							—	—			—	—	—	—
		3%征收率的货物及加工修理修配劳务	11							—	—			—	—	—	—
		3%征收率的服务、不动产和无形资产	12							—	—						
		预征率　%	13a							—	—						
		预征率　%	13b							—	—						
		预征率　%	13c							—	—						
	其中：即征即退项目	即征即退货物及加工修理修配劳务	14	—	—	—	—	—	—	—	—			—	—	—	—
		即征即退服务、不动产和无形资产	15	—	—	—	—	—	—	—	—						
三、免抵退税	货物及加工修理修配劳务		16	—	—		—		—	—	—		—	—	—	—	—
	服务、不动产和无形资产		17	—	—		—		—	—	—		—				—
四、免税	货物及加工修理修配劳务		18				—		—	—	—		—	—	—	—	—
	服务、不动产和无形资产		19	—	—		—		—	—	—		—				—

附表二的填制

增值税及附加税费申报表附列资料(二)				
(本期进项税额明细)				
税款所属时间：2023 年 12 月 1 日至 2023 年 12 月 31 日				
纳税人名称(公章)：华星机械制造有限责任公司				金额单位：元(列至角分)
一、申报抵扣的进项税额				
项目	栏次	份数	金额	税额
(一)认证相符的增值税专用发票	1=2+3	6	482 400.00	66 852.00
其中：本期认证相符且本期申报抵扣	2	6	482 400.00	66 852.00
前期认证相符且本期申报抵扣	3			
(二)其他扣税凭证	4=5+6+7+8a+8b			
其中：海关进口增值税专用缴款书	5			
农产品收购发票或者销售发票	6			
代扣代缴税收缴款凭证	7		—	
加计扣除农产品进项税额	8a	—	—	
其他	8b			
(三)本期用于购建不动产的扣税凭证	9			
(四)本期用于抵扣的旅客运输服务扣税凭证	10			
(五)外贸企业进项税额抵扣证明	11	—	—	
当期申报抵扣进项税额合计	12=1+4+11	6	482 400.00	66 852.00
二、进项税额转出				
项目	栏次	税额		
本期进项税额转出额	13=14 至 23 之和			
其中：免税项目用	14			
集体福利、个人消费	15			
非正常损失	16			

简易计税方法征税项目用	17			
免抵退税办法不得抵扣的进项税额	18			
纳税检查调减进项税额	19			
红字专用发票信息表注明的进项税额	20			
上期留抵税额抵减欠税	21			
上期留抵税额退税	22			
异常凭证转出进项税额	23a			
其他应作进项税额转出的情形	23b			
三、待抵扣进项税额				
项目	栏次	份数	金额	税额
(一)认证相符的增值税专用发票	24	—	—	—
期初已认证相符但未申报抵扣	25			
本期认证相符且本期未申报抵扣	26			
期末已认证相符但未申报抵扣	27			
其中：按照税法规定不允许抵扣	28			
(二)其他扣税凭证	29=30至33之和			
其中：海关进口增值税专用缴款书	30			
农产品收购发票或者销售发票	31			
代扣代缴税收缴款凭证	32		—	
其他	33			
	34			
四、其他				
项目	栏次	份数	金额	税额
本期认证相符的增值税专用发票	35	6	482 400.00	66 852.00
代扣代缴税额	36	—	—	

③ 附表三的填制：主要是根据附表一中的服务、不动产和无形资产项目进行填制。本题中有出租车出租产生租金收入。

附表三的填制

增值税及附加税费申报表附列资料（三）							
（服务、不动产和无形资产扣除项目明细）							
税款所属时间：2023年12月1日至2023年12月31日							
纳税人名称（公章）：华星机械制造有限责任公司						金额单位：元（列至角分）	
项目及栏次		本期服务、不动产和无形资产价税合计额（免税销售额）	服务、不动产和无形资产扣除项目				
			期初余额	本期发生额	本期应扣除金额	本期实际扣除金额	期末余额
		1	2	3	4=2+3	5（5≤1且5≤4）	6=4-5
13%税率的项目	1	4 500.00					
9%税率的项目	2						
6%税率的项目（不含金融商品转让）	3						
6%税率的金融商品转让项目	4						
5%征收率的项目	5						
3%征收率的项目	6						
免抵退税的项目	7						
免税的项目	8						

④ 附表 4 反映税额抵减本题未涉及。

⑤ 附表 5 根据主表填制。主表填制好后，再进行此表的填制。

增值税及附加税费申报表附列资料（五）												
（附加税费情况表）												
税（费）款所属时间：2023年12月1日至2023年12月31日												
纳税人名称（公章）：华星机械制造有限责任公司											金额单位：元（列至角分）	
税（费）种		计税（费）依据			税（费）率（%）	本期应纳税（费）额	本期减免税（费）额		试点建设培育产教融合型企业		本期已缴税（费）额	本期应补（退）税（费）额
		增值税税额	增值税免抵税额	留抵退税本期扣除			减免性质代码	减免税（费）额	减免性质代码	本期抵免金额		
		1	2	3	4	5=（1+2-3）×4	6	7	8	9	10	11=5-7-9-10
城市维护建设税	1	35 566.14			7	2 489.63			—	—		2 489.63
教育费附加	2	35 566.14			3	1 066.98						1 066.98
地方教育附加	3				2							
合计	4	—	—	—	—	3 556.61	—		—			3 556.61
本期是否适用试点建设培育产教融合型企业抵免政策					□是	当期新增投资额				5		
						上期留抵可抵免金额				6		
					□否	结转下期可抵免金额				7		
可用于扣除的增值税留抵退税额使用情况						当期新增可用于扣除的留抵退税额				8		
						上期结存可用于扣除的留抵退税额				9		
						结转下期可用于扣除的留抵退税额				10		

⑥ 增值税减免税申报明细表本题未涉及。

⑦ 主表的填制。数据来源主要根据以上附表填制。

增值税及附加税费申报表

（一般纳税人适用）

税款所属时间：自 2023 年 12 月 1 日至 2023 年 12 月 31 日　填表日期：2023 年 12 月 31 日　金额单位：元(列至角分)

纳税人识别号(统一社会信用代码)：　所属行业：

纳税人名称：华星机械制造有限责任公司　法定代表人姓名　注册地址　生产经营地址

开户银行及账号　登记注册类型　电话号码

项目		栏次	一般项目		即征即退项目	
			本月数	本年累计	本月数	本年累计
销售额	(一)按适用税率计税销售额	1	787 831. 86			
	其中：应税货物销售额	2	783 849. 56			
	应税劳务销售额	3				
	纳税检查调整的销售额	4				
	(二)按简易办法计税销售额	5				
	其中：纳税检查调整的销售额	6				
	(三)免、抵、退办法出口销售额	7			—	—
	(四)免税销售额	8			—	—
	其中：免税货物销售额	9			—	—
	免税劳务销售额	10			—	—
税款计算	销项税额	11	102 418. 14			
	进项税额	12	66 852. 00			
	上期留抵税额	13				—
	进项税额转出	14				
	免、抵、退应退税额	15			—	—
	按适用税率计算的纳税检查应补缴税额	16			—	—
	应抵扣税额合计	17=12+13-14-15+16	66 852. 00	—		—
	实际抵扣税额	18(如 17<11，则为 17，否则为 11)	66 852. 00			
	应纳税额	19=11-18	35 566. 14			
	期末留抵税额	20=17-18				—

税款计算	简易计税办法计算的应纳税额	21				
	按简易计税办法计算的纳税检查应补缴税额	22			—	—
	应纳税额减征额	23				
	应纳税额合计	24＝19+21−23	35 566. 14			
税款缴纳	期初未缴税额(多缴为负数)	25				
	实收出口开具专用缴款书退税额	26			—	—
	本期已缴税额	27＝28+29+30+31				
	①分次预缴税额	28		—		—
	②出口开具专用缴款书预缴税额	29		—	—	—
	③本期缴纳上期应纳税额	30				
	④本期缴纳欠缴税额	31				
	期末未缴税额(多缴为负数)	32＝24+25+26−27				
	其中：欠缴税额(≥0)	33＝25+26−27		—		—
	本期应补(退)税额	34＝24−28−29	35 566. 14	—		—
	即征即退实际退税额	35	—	—		
	期初未缴查补税额	36			—	—
	本期入库查补税额	37			—	—
	期末未缴查补税额	38＝16+22+36−37			—	—
附加税费	城市维护建设税本期应补(退)税额	39	2 489. 63		—	—
	教育费附加本期应补(退)费额	40	1 066. 98		—	—
	地方教育附加本期应补(退)费额	41			—	—

声明：此表是根据国家税收法律法规及相关规定填写的，本人(单位)对填报内容(及附带资料)的真实性、可靠性、完整性负责。

纳税人(签章)：　　年　月　日

经办人： 经办人身份证号： 代理机构签章： 代理机构统一社会信用代码：	受理人： 受理税务机关(章)：　　受理日期：　　年　月　日

5. 编制企业所得税申报报表

对于12月份来讲，编制12月份的企业所得税申报表，表中营业收入、营业成本、利润总额的累计数要反映全年的。可根据前面编制利润表时的“损益类科目全年期末余额表”来填制。

损益类科目全年期末余额表

科目名称	1~11月借方发生额	1~11月贷方发生额	12月借方发生额	12月贷方发生额	全年累计借方发生额	全年累计贷方发生额
主营业务收入		13 500 000		775 000		14 275 000
主营业务成本	9 100 000		564 000		9 664 000	
税金及附加	30 000		3 556. 61		33 556. 61	
销售费用	240 000		9 380		249 380	
管理费用	874 000		14 800		888 800	
财务费用	265 000		13 518. 16		278 518. 16	
其他业务收入		132 600		3 982. 3		136 582. 3
其他业务成本	89 000				89 000	
投资收益		42 200				42 200
营业外收入		40 000				40 000
营业外支出	29 800				29 800	
资产处置损益			3 150. 44		3 150. 44	
合计					11 236 205. 21	14 493 782. 3

全年营业收入＝全年主营业务收入+全年其他业务收入

＝14 275 000+136 582. 3＝14 411 582

全年营业成本＝全年主营业务成本+全年其他业务成本

＝9 664 000+89 000＝9 753 000

全年应纳税所得额

＝全年利润总额－国库券利息收入+超过扣税标准的业务待费

＝14 493 782. 3－11 236 205. 21－5 600+3 200＝3 255 177. 09

本题中的企业虽为一般纳税人，经判断，全年应纳税所得额超过300万元，不符合小企业的标准，因而没有减免政策。而且对于国库券利息收入、超过扣税标准的业务招待费纳税调整事项也要填入，这是要注意的。

因为是12月份，要进行编制年度的企业所得税的编制，进行所得税汇总清缴，要填制一系列表格。此处我们只进行“年度的企业所得税的编制”，其他表格略去。详见“年度的企业所得税的编制”图。

A100000

中华人民共和国企业所得税年度纳税申报表(A类)

税款所属日期：2023年01月01日至2023年12月31日

纳税人识别号(统一的社会信用代码)：137200945786321567

纳税人名称：华星机械制造有限责任公司

行次	类别	项目	金额
1	利润总额计算	一、营业收入(填写A101010\101020\103000)	14 411 582.00
2		减：营业成本(填写A102010\102020\103000)	9 753 000.00
3		减：税金及附加	33 556.61
4		减：销售费用(填写A104000)	249 380.00
5		减：管理费用(填写A104000)	888 800.00
6		减：财务费用(填写A104000)	278 518.16
7		加：资产处置收益	-3 150.44
8		加：公允价值变动收益	
9		加：投资收益	42 200.00
10		二、营业利润(1-2-3-4-5-6-7+8+9)	3 247 377.09
11		加：营业外收入(填写A101010\101020\103000)	40 000.00
12		减：营业外支出(填写A102010\102020\103000)	29 800.00
13		三、利润总额(10+11-12)	3 257 577.09
14		减：境外所得(填写A108010)	
15		加：纳税调整增加额(填写A105000)	3 200.00
16		减：纳税调整减少额(填写A105000)	

企业所得税的编制图

17	应纳税所得额计算	减：免税、减计收入及加计扣除（填写 A107010）	5 600.00
18		加：境外应税所得抵减境内亏损（填写 A108000）	
19		四、纳税调整后所得（13-14+15-16-17+18）	3 255 177.09
20		减：所得减免（填写 A107020）	
21		减：弥补以前年度亏损（填写 A106000）	
22		减：抵扣应纳税所得额（填写 A107030）	
23		五、应纳税所得额（19-20-21-22）	3 255 177.09
24		税率（25%）	0.25
25		六、应纳所得税额（23×24）	813 794.27
26		减：减免所得税额（填写 A107040）	
27		减：抵免所得税额（填写 A107050）	
28		七、应纳税额（25-26-27）	813 794.27
29	应纳税额计算	加：境外所得应纳所得税额（填写 A108000）	
30		减：境外所得抵免所得税额（填写 A108000）	
31		八、实际应纳所得税额（28+29-30）	813 794.27
32		减：本年累计实际已缴纳的所得税额	720 000.00
33		九、本年应补（退）所得税额（31-32）	93 794.27
34		其中：总机构分摊本年应补（退）所得税额（填写 A109000）	
35		财政集中分配本年应补（退）所得税额（填写 A109000）	
36		总机构主体生产经营部门分摊本年应补（退）所得税额（填写 A109000）	
37	实际应纳税额	减：民族自治地区企业所得税地方分享部分：（□ 免征 □ 减征：减征幅度 %）	
38		十、本年实际应补（退）所得税额（33-37）	93 794.27

企业所得税的编制图（续）